Hans Sedlmayr
Das goldene Zeitalter

Hans Sedlmayr

Das goldene Zeitalter

Eine Kindheit

Piper
München Zürich

ISBN 3-492-02416-5
© R. Piper GmbH & Co. KG, München 1986
Gesetzt aus der Walbaum-Antiqua
Gesamtherstellung: Kösel, Kempten
Printed in Germany

Für Maria zum 6. Oktober 1945

»Briefe sind nie von dem, der
schreibt, sondern von dem an den sie
gerichtet sind. Deshalb könnte ich nie
ein Buch schreiben, weil ich nicht
wüßte an wen.«

(Alexander von Villers)

»Ich aber schon, weil ich wußte an
wen.« *(Jean Demary)*

Die Sonne

Mit Mama im Wagen

Wenn ich um fünf Uhr früh geweckt werde, um mit Mama im Wagen nach Fünfkirchen zu fahren, dann geht über der Baumkulisse des großen Parks uns gegenüber gerade die Sonne auf und scheint in alle offenen Fenster unseres ebenerdigen Hauses, das nach Osten schaut. Nie, nie werde ich diese Morgensonne vergessen; eine alles belebende Kraft scheint von ihr auszugehen, ein leichtes Wehen geht ihr voran, die Vögel beginnen im Chor zu singen. Eine unbeschreibliche Freude strahlt durch den Morgen und weitet die ganze Welt, sie mischt sich mit meiner eigenen Freude auf die lange, drei Stunden während Wagenfahrt nach der Stadt, hinaus in die weite Welt, die für mich mit der Morgensonne eins ist, die ich sonst nicht zu sehen bekomme, und mit der Freude eines langen Sommerferientages. Diese hellrote Sonne, der man ins Gesicht schauen kann, scheint mir unvergleichlich schöner und freundlicher als die weiße des Mittags, die etwas leicht Böses hat. Sie gibt im vorhinein dem ganzen Tag etwas Festliches, Weites. An diesem Tag ohne Schule und Kindersorgen werde ich in unserem schönsten halbgedeckten Wagen und in meinem neuen Matrosenanzug auf dem großen Rücksitz links neben Mama sitzen dürfen, dort wo sonst Papa sitzt, nicht auf dem aufklappbaren »kleinen« Sitz, wo es selbst für Kinder etwas eng ist, auch nicht auf dem Bock neben dem Kutscher, auf den ich sonst Anspruch habe.

Hinter dem Haus, im großen Hof, in den langen

kühlen Morgenschatten steht auf dem frisch gerechten Sand der Fahrbahn unser Wagen, ein »Phaeton«; erst heute sehe ich, daß auch sein Name sich auf die Sonne bezog. Am Abend vorher ist er auf ein Gestell gehoben und mit vielen Kübeln Wasser so blank gewaschen worden, daß er aussieht, als käme er frisch aus dem Schaufenster von Mühlhauser & Co, der großen Spielwarenhandlung in Wien. Sein leicht geschwungenes Gestell, wie eine Wiege aufgehängt zwischen dem großen und dem kleinen Paar der Räder, ist schwarz lakkiert und mit feinem dunkelblauen Tuch ausgeschlagen; die Speichen der Räder sind mit einem ganz feinen gelben Streifen verziert. Die dunkelbraunen Pferde haben schwarze Mähnen und lange schwarze Schweife, sie sind glänzend gestriegelt und ein Teil ihrer seidigen Mähnen sind zu kleinen Mädchenzöpfen geflochten. Der Kutscher trägt seine schwarze Staatslivree mit einer dichten Reihe silberner Knöpfe, Knopf an Knopf, auf der Brust und einen Hut mit schwarzer Federraupe und zwei Bändern rückwärts, ähnlich, nur breiter als die an meiner runden Matrosenmütze. Gerade diese dunklen Farben geben dem Wagen ohne jeden Beigeschmack von Düsterheit in meinen Augen seine besondere Eleganz. Auch Mama ist meistens dunkel gekleidet, in einem Reisekostüm, und ihren Morgenkuß zu dem hastig getrunkenen Kaffee gibt sie mir durch einen straff gespannten Schleier, durch den hindurch ihr liebes Gesicht merkwürdig kühl scheint. Nur meine neue Bluse mit den drei Bootsmannstreifen am rechten Ärmel ist, abgesehen von dem dunkelblauen Kragen und dem schwarzen Schifferknoten, von schneeigem Weiß und unten am Gummizug rings vollgestopft mit Sachen, die ich für die Reise brauche. Wir werden in Decken gewickelt, das lederne Dach wird aufgeschlagen, um uns vor dem Morgenwind und später vor

Staub zu schützen und dann rollt der Wagen in einer langen Schleife die Auffahrt zur tiefer liegenden Straße hinunter, dreht sich nach Norden und fährt in herrenmäßigem Trab noch einmal an unserem Haus vorüber. Von der Böschung oben winken unsere Leute uns nach, aber es ist kein Abschied, nur ein lustiger Wunsch.

Wenn wir mit der »Überfuhr« über die Drau fahren, deren Seil weit oben im Strom verankert, von vielen Kähnen getragen, aussieht wie der Schwanz eines Kinderdrachens, dann spiegelt sich die neue Sonne überall im Wasser, wie in Perlmutter, und füllt die ganzen Auen und Wiesen ringsum mit goldenem Staub und Wasserdunst. Auf den Feldern hat die Arbeit begonnen, überall sieht man Menschen im Lande, Wagen fahren zum Markt, überall wächst und grünt es. An den großen Alleebäumen sind die Kirschen reif.

Ich aber darf, geborgen unter dem angenehm schattigen Zelt des Wagendaches, neben meiner Mama, die heute ganz mir gehört, sitzen und das alles sehen.

Wunderbar lange, ja endlos erscheint mir die begonnene Fahrt. Aber höher und höher steigt die Sonne, kürzer werden die Schatten der Alleebäume, weißer das Licht, seltener der Vogelgesang und immer eintöniger das gut eingefahrene Schlagen der Pferdehufe auf der harten Kiesstraße. Und langsam schlafe ich ein, müde von dem ungewohnten frühen Aufstehen und der Freude.

Wenn ich wieder aufwache und nicht weiß, wo ich bin, lächelt mich Mama an. Wir sind schon in den Bergen. Die Pferde gehen langsam bergauf, die Räder drehen sich in einem gelblichen Staub, Hohlwege mit überhängendem dürren Gebüsch öffnen sich und an manchen Stellen sind Keller in die senkrechten erdigen Wände hineingebaut, die mir wie geheimnisvoll verschlossene Wohnungen mit Räuberschätzen vorkommen. Überhaupt hat hier alles etwas Sonderbares wie in einem fernen chinesischen Land. Denn bei uns gibt es Fluß, Auwald und steile Abhänge an der Drau, die man mit scharf angezogenen Bremsen hinunterfahren muß, aber keine richtigen Berge wie diese hier, die vielleicht sogar hundert Meter hoch sind. Weit rechts sieht man im blassen Dunst einen einzelnen Kegel – das soll einmal ein feuerspeiender Berg gewesen sein – so wie auf der Schatzinsel.

Die Sonne steht schon hoch am Himmel und man beginnt ihr Brennen zu fühlen, obwohl es noch früh ist.

Wenn der Weg sich zu senken beginnt und vor uns die Türme und hohen Häuser der großen Stadt, die unser Ziel ist, im Lichte glänzen, wenn wir an dem gestreiften Schlagbaum halten, um die Stadtmaut zu bezahlen und dann der Wagen über das Pflaster auf den Hauptplatz vor das Hotel *Royal* rollt, dann ist die Stadt schon ganz angefüllt mit dem flüssigen Sommerglanz der Sonne, den man nur an wenigen glücklichen Tagen des Jahres – oder in Italien – so sehen kann.

Diese machtvolle, lebenspendende Sonne, die alles erfüllt, gibt es für mich noch einmal auf einem Stich in dem dicken, fünfbändigen Buch, das Mamas Papa meinem Papa zu Weihnachten geschenkt hat. Es ist für mich in mancher Beziehung das Buch der Bücher und enthält alle Weisheit der Welt. Seinen großen Wert erkennt man schon daran, daß es nicht nur schwere geschnittene Lederrücken mit Verzierungen hat, sondern in den blaßgrünen Einband eingelassen wie ein Siegel eine bronzene kleine Tafel. Es heißt Weltall und Menschheit, wobei es mir nie ganz klar ist, ob das erste Wort vom Welt-Tal oder vom Welt-All spricht. Auf diesem Bild sinken Menschen in langen, fließenden, priesterlichen Gewändern mit seltsamen feierlichen Bewegungen vor der aufgehenden Sonne nieder, um sie zu verehren. Diese Sonne geht irgendwo weit im Osten auf, ich denke vielleicht an Mesopotamien über kahlen Bergen und grasigen »Hutweiden«, wie die hinter unserem Dorf, und es ist nicht unsere Sonne, mit deren Aufgehen die Fahrt mit Mama beginnt. Aber ihre Macht ist dieselbe, das leuchtet mir ein, und keines der vielen Bilder aus dem Buch, von denen ich manche noch heute mit allen Einzelheiten vor Augen habe, nicht einmal das schneeweiß und unbeschreiblich tiefblau leuchtende Meer des Südens mit den Delphinen auf einer der farbigen Tafeln hat sich mir so tief eingeprägt wie die Anbetung der Sonne. Wie gut verstehe ich das Zittern vor ihrer Verfinsterung, wenn plötzlich ein bleiernes Licht über alle Dinge läuft und sie schauerlich entfremdet, so daß sogar das Tier vor Furcht zu brüllen beginnt. Eine solche Sonnenfinsternis am hohen Mittag habe ich als Kind erlebt, aber ihr Eindruck ist für mich ganz verdeckt durch die ungeheuere Beschreibung der Sonnenfinsternis von 1842 bei Adalbert Stifter, die ich leibhaftiger erlebt habe als jene wirkliche und die für mich also auch die wirklichere ist.

Manchmal scheint es mir, als ob vor langer, langer Zeit, als wir noch an einem anderen Ort lebten, es ein Zeitalter gegeben habe, in der die Sonne noch nicht war. Aus den frühesten Erinnerungen, die wie Inseln in dem Meer des Unerinnerbaren liegen, hebt sich mit höchster Deutlichkeit *eine* heraus. Ich bin mit Papa irgendwo »nach unten« gefahren und viel kleiner als ich jetzt mit acht Jahren bin, sehe ich mich in dem riesigen Grund eines Sand- oder Steinbruchs, den kahle rundliche Klippen, Wände und Steinblöcke stumm und regungslos umstellen. Blumen und Getier gibt es hier nicht. Eine große uralte Macht ist in den Steinen, und der Himmel, in dem es die Sonne noch nicht gibt, ist wie aus mattem Blei, schwer, öde, nicht böse oder düster, aber ohne Glanz und ohne Freude. Etwas Rätselhaftes, mit dem ich ringe, ist noch dabei, etwas, das ich nicht erinnern kann und doch enträtseln müßte, und wenn dieses schwere Gefühl mich losläßt, dann fühle ich alles durchströmend die unbeschreibliche Freude und das Staunen der Menschen, als zum erstenmal in der Welt, alles lösend und belebend, die Sonne siegreich durch die Nebelhimmel brach.

Aber der Morgensonne von Dolnji Miholjac bin ich nach vielen Jahren wieder begegnet. Ich stehe zeitig am Morgen an dem Fenster meines Sommerzimmers bei Thierry, dem Gasthof *Richard Löwenherz* in Dürnstein in dem Teil des Hauses, dessen Fenster nach Osten schauen und über der dunkelgrünen Wand vor mir im Osten, der efeuumwachsenen alten Mauer des »Schießgartens« geht feurig, alles besiegend, alles durchleuchtend, belebend und durchglühend die Sonne auf. Eine heilige Stille ist in dem frischen lichten Sommermorgen, der einen langen köstlichen Sommerferientag mit den Freunden verspricht. Vor meinem Fenster, das zwei von Efeu übersponnene Strebepfeiler rahmen, tanzen im Licht Hunderte von goldenen Bienen und summen, als ob das Licht selbst tönen würde. Und mit einer Begeisterung, die mein ganzes Leben erfaßt und zusammenströmen läßt mit der Freude der Natur über die Sonne, erkenne ich, daß diese mächtige Sonne, die einen der glücklichsten Tage meines Lebens bescheinen wird, dieselbe Sonne ist, die das unbeschreibliche Glück meiner Kindheit ausgemacht hat, die mich mit Mama beschienen hat, als wir in der Fülle der Zeiten, glücklich und unschuldig, nach Fünfkirchen fuhren. Das Herz ist zu eng, um solche Augenblicke zu fassen. Aber ich fühle es mit einer alle Zweifel auslöschenden Gewißheit, daß es vor diesem Wunder nur eines gibt: die Anbetung mit allen Fasern, und daß die ursprünglichste aller Anbetungen, die keines Beweises bedarf, die Sonnenanbetung ist, in der Natur und im Geiste. Und zugleich fühle ich mit einem alle Ängste sprengenden Glück, daß es für unser Herz eine Wiederkehr der verlorenen Seligkeit gibt, eine wiedergefundene Zeit, die nicht vergeht, daß in uns auch nach den Verfinsterungen jederzeit das Goldene Zeitalter wiederkehren kann.

Nacht und Sterne

Wenn die Dunkelheit kommt, tut es nicht gut, allein zu sein. Der Kutscher, der sich mit unserem Wagen verspätet hat, treibt seine Pferde an, um rascher an der unheimlichen Stelle vorbeizukommen. Dort bei den dunklen Bäumen soll einmal einer umgebracht worden sein. Und aus den feuchten Wiesen steigen jetzt im blassen ersten Mond Nebelstreifen und rufen die Furcht vor allerhand Spuk. Wie gut ist es, endlich die erleuchteten Fenster unseres Hauses zu sehen. Dort steht Papa, der uns ungeduldig erwartet hat, und die Dunkelheit hat keine Macht mehr.

Wenn ich aber allein zu Hause bleiben muß, stehe ich in der kommenden Dunkelheit dort vor dem Tor neben den Maulbeerbäumen und schaue mir mit jemand von den Hausleuten zum hundertsten Male die Augen nach unserem Wagen aus. Hundertmal glaube ich ihn im Zwielicht dort weit auf der weißen Straße zu sehen und mein unruhiges Ohr täuscht mir das Trappeln der Pferde und das Rollen der Räder vor. Dann ist es nur das unordentliche Gerassel eines Bauernwagens gewesen. Eine furchtbare Unruhe ist in mir und unter ihr darunter die große Angst, die Angst vor dem Äußersten: Papa und Mama könnten nicht wiederkommen. In den Qualen dieses Wartens, die alles überfluten, erlebe ich in der Dunkelheit das Furchtbarste: den Verlust meiner Liebsten. Und Schlimmeres gibt es nicht. Wenn dann endlich, nach verlorener Hoffnung unser Wagen heranrollt und Mama, die bei der Hutmacherin warten mußte, lustig von der scharfen Fahrt aussteigt, dann ist die Entspannung zu groß und ich kann nicht einmal vor Freude weinen.

In der Nacht poltert der Sturm an den Fensterläden und im Haus geht es um, aber Mama und Papa sind nahe, im Bett ist man geborgen und das Lärmen in der Dunkelheit ist nur ein Spaß von dummen Kobolden. Schlimmer ist abends die stumme Dunkelheit, die sich von außen wie ein schwarzes Plumeau an die Fenster drückt. Da müssen die Jalousien schon geschlossen sein, denn unser Haus ist das letzte im Ort, und einmal ist durch das Fenster auf uns geschossen worden. Wenn wir am Abend um den Tisch bei der Petroleumlampe sitzen, die so gerne rußt und einige Ecken des Raumes unangenehm halbdunkel läßt, dann kann es vorkommen, daß Mama die Gabel hinlegt, Papa ansieht und mit etwas gepreßter ruhiger Stimme sagt: »Es ist jemand im Hof.« Dann halten wir den Atem an und horchen und Papa nimmt langsam und ruhig das Gewehr von der Wand und wir hören ihn draußen um den dunklen Hof herumgehen. Wenn jetzt das Muschelhorn ertönen würde, das aus der Mondnacht heraus wie eine überirdische Stimme den Ansiedlern im »Conanchet« die ungreifbare Gefahr verkündet, dann würde uns das Blut in den Adern stocken.

Den Mond mag ich überhaupt gar nicht leiden. Er macht die Schatten noch dunkler und in jedem von ihnen kann hinter einem Baumstrunk so eine verfluchte Rothaut verborgen sein. Und er macht die vertraute Welt fremd, bleich und kalt. Nur beim Aufgehen habe ich ihn gerne, da ist er gleichsam noch ein entfernter Verwandter der Sonne und schwimmt dicklich und weiß wie ein Müller in ihrem graurosigen letzten Licht. Aber wenn er Alleinherrscher ist, wird er böse. Der Mond scheint eigentlich immer über Wüsten: er gehört zur

Unendlichkeit und Farblosigkeit der Sahara, des Hochgebirges, des Meeres und der Pole. So bin ich ihm auch später wieder begegnet: mit Cäsar bei der Sphinx und über der schlafenden Negerin mit dem Löwen. Und auch im Reich der Schatten, wo keine Sonne scheint, könnte es vielleicht den Mond doch geben.

Aber es gibt auch einen guten, milden Mond – zu ihm gehören der feine Nebel einer hellen Nacht, die laue Luft, die Elfen und Wesen aus einem Mittsommernachtstraum. Dann löst sich die Starre des Mondes, wird flüssig und fließt durch Wald und Busch und zieht uns wie ein Traum hinaus unter die schattigen Bäume, gerufen von einer unbestimmbaren Sehnsucht nach einem Glück, das irgendwo in der Natur, in der Nacht verborgen ist. Manchen solchen Mond habe ich gesehen: in den geheimnisvoll geweiteten Lichtungen an der kleinen Eisenbahn, die durch die hohen Baumhallen der Eichenwälder von Miholjac fuhr, wie man in einem Traum fährt – in der einzigen Nacht am Traunsee, als der Mond in den Fischernetzen mit seinem Silberglanz hing und für mich alle Zeit und mein Glück in diesem »Mond«-See still zu stehen schienen, und stärker vielleicht noch als je in der Wirklichkeit in dem monddurchfluteten Park von Zarskoje Sselo aus dem Film »La jeunesse d'un poète«, durch den der junge Puschkin von seiner Muse gerufen traumwandelt, im Mondschatten der herrlichen Bäume, die ihre Kronen über ihn zusammenneigen, ihre Äste in die schimmernden Teiche tauchen, wie in einem geheimen Einverständnis mit dem neuen Dichter.

Ganz anders als der Mond sind die Sterne. Ich stehe mit Papa in einer wunderbaren Sommernacht in der Mitte unseres weiten Hofes und hoch über unser Platanenrund und nach allen Seiten schauen wir ernst und schweigend hinauf in die Pracht der Sternennacht.

Überall leuchtet es und funkelt es in der warmen dunkelblauen Luft, mehr sind heute die Sterne und größer als je. Immer weiter steigt der Blick aus einem Raum in einen noch tieferen, aber ohne Furcht und ohne Schwindel; die Seele ist hoch über der Erde. Unermeßlich sind die Räume, unzählbar die Lichtfunken, unendlich weit ist jeder einzelne Stern und doch sind sie mir innerlich nicht ferne. Sie sind wie lebendige Wesen, die mit uns in Verbindung stehen. Sie haben nicht die Magie des Mondes, das Faszinierende, aber sie sind unveränderlicher als er und geben Ruhe, Sicherheit und Vertrauen. Manche haben einen feinen Glanz wie von Farbe und jeder hat seinen Namen, wenn ich ihn auch nicht kenne. Wenn ein Mensch gestorben ist, flammt in diesem nächtlichen Ozean ein neuer Stern auf und bewahrt sein Wesen und seinen Namen bis ans Ende der Zeit. Dort gibt es Cäsars Stern und dort wird es auch meinen geben. Je mehr Menschen sich in Sterne verwandeln, um so lichter wird die Nacht. Das haben Menschen in alten Zeiten geglaubt, und das leuchtet auch mir ein. In heißen mondlosen Nächten, wenn man die Glühwürmchen genau sehen kann und der Jasmin durch das Dunkel weht, scheint der ganze flimmernde Sternenhimmel uns näher zu kommen, herabzuschweben wie ein leuchtender Schleier, dann fallen Sterne in Scharen zu uns herunter und wem ein Wunsch einfällt, dem geht er in Erfüllung.

In unseren Feldern hat man ein Stück von einem solchen gefallenen Stern gefunden, aber es sieht eher aus, als käme es vom Mond. Es ist dunkel, kalt und schwer und man weiß nicht recht, ist es von Eisen oder Stein. Seine Glätte hat etwas Blindes und Totes. Es ist leicht möglich, daß man mit einem solchen Stein Zauber üben kann, und ich lege Wert darauf, daß er gut aufbewahrt wird.

Jede Nacht scheinen die Sterne und in vielen Nächten der launische Mond; aber auch wenn keine Wolken sie verdecken, kann man sie nur selten wirklich sehen: vielleicht nur vier- oder fünfmal im ganzen Leben. Es ist eine Wahlverwandtschaft nötig, um mit ihnen zu kommunizieren, und offenbar gibt es in uns nur selten den Zustand, der dem guten Mond wirklich verwandt ist und nur selten einen, in dem die Sterngötter in uns sind.

Unser Reich

Unser Reich besteht aus vier Ländern. Der weite Hof zwischen unserem Haus und den Stallungen ist das erste, der Gemüsegarten hinter dem Stall das zweite, der Obstgarten daneben das dritte und neben dem Hof der Garten mit den großen Bäumen und den Rosen das vierte. Jedes dieser Länder ist schon für sich sehr groß und enthält nie ganz erforschte Gegenden, und sonderbarerweise sind – wie von selbst so gefügt – alle vier ganz gleich in der Größe und von der gleichen angenehm rechteckigen Gestalt wie unser Reich als Ganzes. Das fällt mir erst heute so auf, daß ich es beschreiben kann, aber diese Übersichtlichkeit hat mir – das weiß ich bestimmt – schon damals ein gutes, ruhiges Gefühl gegeben. Eine ungezwungene Ordnung und große Klarheit herrschen in unserem Reich.

Fest und klar ist es auch in die großen Himmelsrichtungen eingefügt. An drei Seiten von hohen Mauern und Planken umgeben, öffnet es seine lange vierte Seite über den großen Abhang hinunter, weit hinaus gegen den erfrischenden Nordwind, der von den fernen Bergen über den Fluß kommt und beherrscht nach dieser Seite die Gegend, so weit das Auge reicht. Denn nur zwei der vier Länder liegen *oben* auf der Fläche, auf der unser Ort sich ausdehnt, und grenzen im Süden mit unüberschaubaren Wänden an seine letzten Häuser und Gärten: unser Haus ist das *letzte* im Dorf. Die beiden Baumgärten aber breiten ihre Rasenhänge in völlig gleichmäßiger Böschung – nicht zu steil und nicht zu flach – gelassen hinunter zu der Weite der Hutweide. An ihren Langseiten sind sie gesäumt von geraden sandbestreuten Wegen, von denen der eine nach *oben*, der andere schon unten in der Ebene verläuft. Von dem oberen Weg geht der Blick weit hinaus über die Leere des Weidegrunds, wo die Wochenmärkte, die Viehmärkte und einmal im Jahr der große Jahrmarkt abgehalten werden, über den einsamen Ziehbrunnen und das einzige Gehöft, das ganz eingesunken in dieser Weite daliegt, bis ganz *hinaus*, wo durch silbrige Streifen von Weidenbüschen stellenweise das hellere Silber der Drau blitzt. Diese große Fernsicht wird rechts gerahmt von den fast immer staubigen Maulbeerbäumen der weißen Steinstraße nach Fünfkirchen, links von der Baumwand der etwas tiefer liegenden Au, wo von Schilfwildnissen durchzogen und mit hellgrünen Schauminseln auf seinen dunklen Teichen ein toter Arm der Drau – die sogenannte »alte« Drau – sich verbirgt; rechts: das ist für mich – selbstverständlich – gegen Sonnenaufgang, links: das ist gegen Sonnenuntergang. Weit, weit am Horizont, noch weit drüben über dem schimmernden Strich der Drau, blauen in der hellen Ferne, ihre heißen Hänge zu uns nach Süden kehrend, die sonnigen Weinberge von Villány, lustig bestreut mit kleinen weißen Punkten. Durch unser großes einröhriges Fernrohr auf dem Dreifuß sieht man, daß das die Kellerhäuser sind, erkennt man eine Wallfahrtskirche und in den Weinhängen viele mit der Mündung nach oben gekehrte Trichter, die aus kleinen Holzhütten hervorwachsen: es sind Wetterkanonen zum Wetterschießen; sie verscheuchen mit ihrem Knall die drohenden Hagelwolken von den Weinbergen zu den Nachbarn.

Hundertmal jeden Tag sehen wir diese große »Aussicht« und nie wird sie uns fad. Sie hat für mein Leben meine Vorliebe für weite und doch begrenzte Ausblicke bestimmt, für das frei hingebreitete, sich selbst ordnende Land, das mich später in Frankreich oft entzükken wird, und zusammen mit dem Erlebnis der alles durchwaltenden Sonne ist es sicherlich die geheime Ursache dafür, daß ich die Schlösser und Gärten des 17. und 18. Jahrhunderts wie eine verklärte Heimat empfinde. Mit unbeschreiblichem Staunen wird es mir heute klar, daß in unserem Reich – wie in einer ländlichen Skizze – die Landschaft von Vaux und Versailles vorbereitet und mit der Heiterkeit der Loire vermählt war.

Alles, was wir so übersehen, gehört irgendwie noch zu uns. Aber jenseits der Mauern, Planken und Zäune, die unser Reich umfrieden, ist alles doch schon *wildes*, barbarisches Land, reizvoll ungepflegt, mit rauhem Gras, gewöhnlichen Bäumen, mit Lacken, Erdhaufen und niedrigem Gestrüpp. Die wahre Ordnung herrscht nur bei uns herinnen. Mir scheint es, als ob das immer schon so gewesen sein müßte, und erst langsam ist es mir bewußt geworden, daß diese Ordnung mein Papa gestiftet hat.

Wo jetzt die Wege sauber und übersichtlich miteinander verbunden zwischen den Baumgruppen durch die Grasflächen laufen, da wucherten einst das Gras, der wilde Hafer und die Disteln fast mannshoch, da brüteten in der Mittagshitze Nester von Schlangen unter verwilderten und unfruchtbaren Bäumen. Und noch lange, nachdem das Chaos gelichtet war, mußten wir jeden Sommermittag auf Schlangenjagd gehen. Papa muß alle Schlangen töten, auch die harmlosen, denn es gibt in dieser Gegend viele giftige, die uns beißen könnten, wenn wir mit nackten Waden durch das Gras laufen. In wilder Siegeslust erinnern wir uns später noch oft gegenseitig an den Tag, als Papa elf Schlangen

23

tötete, darunter vier in einem scheußlichen Knäuel unter dem Nußbaum, von denen die größte widerlich stinkend über den todbringenden Stock gelegt im Triumph nach Hause getragen wurde.

Ja, mein Papa hat in diesem Garten und Hof und Haus die Ordnung gestiftet und wacht darüber, daß sie nie mehr verlorengeht – so wie er sie auch draußen in den Gütern des Grafen geschaffen hat, denn dazu hat man ihn hierher in dieses fremde und verwahrloste Land gerufen, das jetzt unsere eigentliche Heimat ist. Er hat die feuchten Felder und Wiesen entwässert, die Leute gelehrt, richtig zu pflügen und anzubauen, hat schöne luftige Ställe und Meierhöfe, Fabriken und Werkstätten, Brücken und Wege gebaut, Obstbäume, Alleen, auch Hecken gepflanzt. Und wenn man mit Papa durch die Wirtschaft fährt, kann man seine große Liebe zum Geordneten und Klaren – auch ohne so darüber nachzudenken wie jetzt – überall fühlen, genau so wie in seiner eigentümlich beruhigenden und schön begrenzten Handschrift.

Im Hof

Wie übersichtlich und angenehm ist schon in unserem Hof alles eingerichtet.

Behaglich umschlossen von den Flügeln unseres langen ebenerdigen Hauses ist sein vorderer Teil wie ein weiter Saal unter freiem Himmel. Hier bildet die große Musa – geschützt vor dem Sturm, der ihre Riesenblätter so leicht zerspleißt – die Mitte des luftigen Raumes, der halb zum Haus gehört und halb zum Hof; sie gibt – zusammen mit den scharlachrot glühenden Cannas, die sie im Rondell umstehen, und dem großen Sonnenschirm neben der weißen »Garnitur«, dem weißen Haus und den weißen Kleidern von Mama und Papa, diesem ganzen Bezirk etwas Indisches. Im Sommer ist diese Bucht des Hofs unser Eßsaal, hier frühstücken wir, essen zu Mittag, hier jausnen wir und am Abend wird neben dem Tisch ein großes Feuer angezündet, auf das wir feuchtes Gras streuen, um mit dem milchigen Rauch die vielen Mosquitos zu vertreiben.

Von hier überschaut man die weite Fläche des Hofs bis zu den Stallungen, die ihn im Westen abschließen. Sie ist mit gelbem Sand bedeckt, der immer wieder frisch gespritzt und gerecht wird und ganz weich ist, anders als jeder Sand, den ich seither gesehen habe. Gehwege aus braunrosa Ziegeln verbinden die Flügel des Hauses miteinander und mit dem Stallhaus. Der gegen den Garten zu gelegene ist besonders stattlich: gewölbt, damit das Wasser abfließen kann und mit grünen Rasenstreifen eingefaßt: hier kann man auch nach dem größten Regen trockenen Fußes spazierengehen und den großen Garten und das Land draußen übersehen. Die Mitte der Stallungen, die nicht schön genug sind, um ganz gezeigt zu werden, verdeckt ein Forsythiengebüsch – dort blühen im Frühjahr, wenn alles noch kahl ist, als erste Tausende von gelben Blüten, die wir »Eierspeis-Blumen« nennen. Vor dem Flügel, der die Küche enthält, verbirgt sich hinter großen Büschen mit Ribiseln die Holzhütte, in der es nach Sägemehl riecht und die aussieht wie ein großer Vogelkäfig aus Lattenwerk, und weiter gegen den Stall zu, hinter einer schönen Jasminhecke, der Hühnerhof mit dem Taubenschlag und der kleine Hof des Gesindes. Gerade vor den Fenstern der Küche sind aus dem Bauerngarten, der hier einmal war, ein paar alte Birnbäume stehengeblieben, weil sie besonders saftige gelbe Birnen tragen. Vor dem Flügel mit den Fremdenzimmern aber ragen über einer immer gut geschorenen Lindenhecke die beiden gewaltigen Nußbäume und die Wipfel tiefer, am Gartenhang stehender Bäume auf, erfüllt von dem Klopfen der Spechte und dem Ruf der Stare, denen von der anderen Seite des Hofs das Gakkern der Hühner und das Gurren der Tauben antwortet. Um den Stall machen die Spatzen Lärm und in den gelben Büschen singt die Amsel.

Die Mitte des Hofs nimmt ein riesiges Rasen-Oval ein, mit Büschen und Bäumen, das unsere Wagen umfahren, wenn sie wenden wollen und um das ich ausdauernd, nach strengen selbst gesetzten Regeln meine Reifen treibe. Seit ich den »Robinson« kenne, ist dieses Eiland im gelben Meer *meine* Insel, auf der ich, begleitet von meinem Bruder als treuem »Freitag« fern von der Welt ein paradiesisches Dasein führe. Warum nur ist es so wunderbar, sich auf einer Insel zu wissen? In der Mitte dieser grünen Insel aber erhebt sich, den

Hof beherrschend wie eine grüne Zitadelle, auf einer mit Rasenziegeln belegten kreisrunden Böschung ein Rundbau aus Bäumen: wir nennen ihn das »Rondeau«. Die Bäume sind Platanen, die schnell wachsen, schöne gezackte Blätter haben und deren scheckige Rinde so angenehm sauber abblättert und geradezu dazu auffordert, an ihr »herumzukletzeln« wie an einem narbigen Knie. Dieser Platz wird nur wenig benützt; ich kann mich nicht erinnern, Mama und Papa je auf der weißen Bank gesehen zu haben, die hier steht, nur Großmama in ihren schwarzen Kleidern sitzt hier manchmal, wenn sie sich bei uns aufhält, und liest lange in einem Buch. Und doch, wenn es auch keinen praktischen Zweck hat, ist dieses Rondeau die wahre Mitte des Hofs, die nicht fehlen dürfte, und auf eine Weise, die ich mir nicht recht erklären kann, hat es fast einen »heiligen« Charakter. Wenn ich später das Wort »heiliger Hain« höre, so fällt mir unser Platanenkreis ein, sei es, weil das erhabene reine Rund schon von sich aus zu einem Heiligtum gehört oder sei es deshalb, weil hier vor dem Rondeau stehend mir in jener unvergeßlichen Sommernacht mit Papa über dem Kreis der Platanen die Majestät des nächtlichen Firmaments zum erstenmal aufgegangen ist.

Es gibt aber – neben Musa und Rondeau – noch einen dritten Platz im Hof, der besonders ausgezeichnet ist: die große offene Veranda. Angelehnt an den Flügel des Hauses, der mit den Fremdenzimmern zum Rosengarten hinausschaut – genau gegenüber der Küche – beherrscht sie den Hof wie eine Kommandobrücke und tatsächlich hat sie auch eine ähnliche Aufgabe, denn in ihr, mit freiem Ausblick nach drei Seiten, jeden erblickend, der den Hof betritt, alles übersehend, was in Hof und Garten geschieht, hat an schönen Vormittagen des Jahres Mama ihren gebietenden Platz, mit einem Nähkorb neben sich, oder mit einer von unseren Mägden Obst schälend oder Erbsenschoten entkernend.

Auch die Veranda hat Papa erfunden und gezeichnet. Sie ist ein Zeltdach aus Schindeln, auf das der große Ahornbaum seine zweigeflügelten Samen streut, von schlanken hölzernen Pfeilern getragen, die drei offenen Seiten nur verstellt mit einer Brüstung aus sorgfältig gefügten Brettern und die offene Wand darüber verschließbar durch große Markisen aus starkem Leinen. Wenn ein Wind sich erhebt, dann bauchen sie sich und knattern wie Segel und machen aus der Veranda ein wunderbares seetüchtiges Schiff. Das Reffen und Niederlassen der Segel, die Manœuvres, die dazu nötig sind, das Hinaus- und Hineinklettern über die Reling, die weite Aussicht über die Hutweide, die nun das Meer ist, über das Kolumbus zu den federgeschmückten Indianern fährt, ein Meer, belebt von Sirenen und Delphinen, von sonderbaren Fabelgeschöpfen und dem Goldglanz eines fernen Südlands »Australien« – das alles macht aus der Veranda ein Fahrzeug, unerschöpflich an Möglichkeiten. Von hier aus verstehe ich den Ozean, die Kühnheit und Rauhheit der Seeleute, zu deren Beruf uns unsere alltäglichen Matrosenanzüge ohnehin vorherbestimmen, lange bevor ich das Meer gesehen habe. Ganz uns – meinem Bruder, der mein Steuermann ist, und mir – gehört die Veranda, wenn die Tage zu rauh sind, um hier zu sitzen: dann sind wir in unseren warmen Jacken aus dunkelblauem gerauhten Tuch, mit dem Anker auf den goldenen Knöpfen, den flatternden Matrosenkrägen, auf den Mützen das schwarze Band mit den steifen goldenen Buchstaben »H. M. S. Conqueror« und auf den Ärmeln die Abzeichen unserer Würde, unumschränkte Herren auf unserer windesschnellen Korvette. Erst in den Büchern von Joseph Conrad habe ich, mit der Wiederkehr meiner

28

ganzen damaligen Begeisterung, eine so wirkliche See
und so wirkliches Seemannstum gefunden wie auf
unserer Veranda, und noch heute erscheint mir manchmal als einer der verlorenen Berufe, um die ich trauere,
der des Seemanns – auf einem Segelschiff natürlich! –
und ein geheimer Vorwurf bohrt in mir, daß ich nicht
auch mit fünfzehn Jahren von zu Hause fortgelaufen
und Matrose geworden bin. Und auch meine Bewunde-
rung für das meerbeherrschende England stammt
zuerst daher.

Unsere Gärten I

Tendre et fort
Zart und stark zugleich

Von dem Flügel unseres Hauses, der weit ins Land hinausschaut, läuft der Straße entlang eine feste weiße Mauer den Abhang hinunter: Von dieser Seite kann uns niemand in den Garten sehen. Sie ist dick mit Efeu übersponnen. Oben unter den Fenstern der Fremdenzimmer in der geschütztesten Ecke wachsen Rosen. Kleinere klettern ein Spalier die Wand empor. Die großen und schweren aber entfalten sich an Stöcken, immer nur zwei und drei zugleich. Jeder Stock hat eine andere Farbe, schwere, fast blaurote gibt es da, und rosenrote, die hell sind wie eine Heckenrose, aber voll, weich und müde. Gelbe, auf denen die Tautropfen lange haften und welche Teerosen heißen. Die Rose ist auch für mich die Blume aller Blumen. Einen feineren Stoff als ein Rosenblatt gibt es nicht, nicht einmal Mamas Wange ist so zart. Und dieses Wunder der Zartheit wächst an einem Stengel, der Dornen trägt, so scharf wie ein Bienenstachel oder eine Lanze. Etwas Erregendes geht von den Rosen aus: Etwas Zartes, das mit Frauen, und etwas Kriegerisches, das mit Männern zusammenhängt, und wenn ich später im Gymnasium vom Kampf der weißen und der roten Rose höre, so ist etwas von dieser unverwechselbaren Erregung wieder da. – Für eine solche Blume ist es, so scheint mir, wert, daß Blut für sie vergossen werde. Und ohne zu verstehen, wie das zusammenhängt, fällt mir zu den roten und weißen Rosen das Bild ein von Parzival aus dem Sagenbuch, der auf die drei Blutstropfen im Schnee starrt, die ihm das rosige Gesicht von Kondwiramur (was für ein Rosenname!) vorzaubern. Frische ist in der Rose und auch ein Tropfen von jener süßen Müdigkeit, die ich später, viel viel später in Rilkes schmerzlichem Gedicht wiederfinden werde:

Rose, oh reiner Widerspruch
Lust
Niemandes Schlaf zu sein
Unter so viel Lidern

Solche Rose blüht auf einem Grab, ich habe sie gesehen auf den ländlichen Rasenhügeln hinter dem Chor der alten Kirche in Ardagger. Aber die Rose meiner Knabenzeit ist von anderer, frischerer Art:

Horch, horch die Lerch' im Ätherblau
Und Phoebus neu erweckt,
Tränkt seine Rose mit dem Tau,
Der Rosenblätter deckt!

Am unteren Ende der Mauer, in der Ecke dort, wo sie mit dem Lattenzaun zusammenstößt, der den Garten von der Hutweide trennt, stehen neben einem kleinen Schilderhaus aus Lattenwerk, das den kühlen unteren Brunnen überbaut, zwei Pappeln. Selbst wenn es ganz windstill zu sein scheint, in der Mittagsstille bewegen sie ihre kleinen Blätter, wie in einem Frösteln läuft es silbern über sie auf und ab. Dann sonnen sich auf der Ziegelstufe des Brunnens die Ringelnattern, die wir kennen und verschonen; hier lassen sie ihre zarte gläserne Haut zurück. Vielleicht ist eine unter ihnen, die eine kleine goldene Krone trägt, wenn man nur genau zusieht. Diese Gegend hat etwas Verwunschenes und hier kann einen am hellsten heißesten Mittag die Angst befallen, die aus der großen Stille kommt. Das Geißblatt windet sich über das Lattenwerk. Die blaßrosa Blüten saugen einen mit ihrem fast allzu süßen Duft an sich und im untersten Ende ihres Kelches kann man die versprochene Süße, wenn man die Blüten zwischen die Lippen nimmt, ganz stark schmecken. Etwas Mondiges ist in ihnen auch bei Tag, etwas Nachgiebiges und Zärtliches, aber beinahe zu Weiches.

Weiter am Zaun kommen die großen Büsche mit königlichem weißen und lila Flieder, die nach Ostern ganz schwer sind von den Dolden, ihr Holz ist bitter zu beißen und zäh zu brechen, die großen Blätter sind glatt und kühl wie feines Leder. Den mittleren Teil des Gartens beschatten die »großen« Bäume. Es sind nur drei oder vier und sie stehen weit auseinander im hohen Gras, in dem Löwenzahn und Schierling wachsen, aber ihre Kronen sind so gewaltig, daß sie ineinander sich verschlingend den ganzen Abhang überdachen. Sogar das hohe Gestell, an dem unsere Schaukeln aufgehängt sind, die uns bis in die grünen Gewölbe tragen, erscheint unter ihnen zierlich und klein.

Hinter der Schaukel stehen in einer Gruppe die einzigen Bäume unseres Gartens, die ich nicht leiden mag. Es sind Blaufichten. Sie tun protzig und unnatürlich. Ihre Farbe erinnert mich an den giftigen Saft, mit dem man die Weinreben bespritzt. Sie wachsen unverwüstlich vor rußigen Fabriksgebäuden und auf den Plätzen öder Städte. Der Gedanke, daß man irgendwo in den »Kolonien« diese Bäume als Ersatz für Tannenbäume nehmen muß, gibt mir eine Ahnung von der ganzen Trostlosigkeit eines winterlosen Weihnachtsfestes in der Übersee. Der Name »Amerikanische Blaufichte« schließt ohne jede Überlegung jenes dritte Amerika in sich, das ich einmal nicht mögen werde.

Aber nur wenige Schritte davon entfernt gibt es für

mich das erste, das wirkliche Amerika, den freien wilden Westen. Hier steigt entlang einer Planke, die diesen Garten vom großen Obstgarten trennt, eine Himbeerwildnis auf, mit rauhem Gebüsch, mit überhängenden Dornzweigen, versteckten Pfaden und dem heißen Duft einer Waldlichtung. Die Planke aber besteht hier aus lauter gespaltenen Rundpfählen, die oben zugespitzt sind und denen man ihre rissige Rinde belassen hat: sie ist wirklich und wahrhaftig eine Palisade. Wenn die Himbeeren heiß von der Sonne sind, ist in dem Geschmack einer einzigen schon der ganze Wald. Die Himbeere ist eben noch gar nicht ganz eine Gartenfrucht geworden und wird es auch so wenig je werden wie die Heckenrose, die zu ihr gehört. Und es ist ebenso schön im Herbst, wenn schon die Blätter an den Zweigen rasseln, nach einigen verspäteten und schon vertrockneten Himbeeren zu fahnden, wie es köstlich ist, in einer überreifen »Hetschepetsch« mit ihrem kratzigen Samen den ersten Frost zu schmecken.

Hier huschen im Dickicht der Iltis und das Wiesel, das Eichhörnchen springt von den Bäumen und ich suche nach den Spuren des Fuchses, der in der Nacht an unseren Hühnerställen war. Von einem abgeschnittenen Baumstamm über die Palisade hinauslugend, erblicke ich vor mir die grasigen Wellen der Prärie. Hier kann man, wenn man nur richtige Augen hat, manchmal den Panther durch das harte Gras schleichen sehen, hier lauert vielleicht auf niedrigen Bäumen der gefährliche Puma und in dem großen hohlen Stamm dort drüben vermute ich die Behausung des Grizzly-Bären, den das Messer genau zwischen die sechste und siebente Rippe treffen muß, um ihn zu töten. Überall sind Spuren wilder Tiere und verraten vieles dem, der sie zu lesen versteht. Hoch oben in der stillen Luft schweben nach Beute spähend Raubvögel und manchmal, die Erde unten weit überschauend, der königliche Adler, der von den Felsenbergen kommt.

Hat man sich den Weg durch das Himbeerdickicht gebahnt, so kommt man oben auf dem »Plateau« zu einem versteckten schattigen Platz unter zwei niedrigen Weichselbäumen, die über uns auf glatten dunklen Stämmen ein dichtes Vordach legen, wie eine schattenspendende große Hutkrempe. Weit geht hier der Blick in das Land unten hinaus – wie aus dem Felsenhorst, wo ich Gefangener der Aymaras war. Das ist der Winkel des Gartens, wo man am verstecktesten ist, fern und frei von »der Welt«, allein mit sich und den Gedanken, mit der Ruhe und der Ferne.

Unsere Gärten II

Zu dem Garten mit den großen Bäumen gehören Mocassin und Adlerfeder, Bogen und Lanze, Büchse und Lasso, zu dem Gemüse- und Obstgarten Strohhut und Gärtnerschürze, Spaten und Rechen, Schubkarren und Gießkanne, Baumschere und Bast. Auf einen Ruf von Mama, die das friedliche Heer der Gärtnerburschen und Mädeln befehligt, verwandeln wir uns aus schweifenden »Trappern« in seßhafte »Pflanzer«, die das Land bebauen, die Gewächse veredeln und gegen alle Feinde verteidigen, die »im Schweiße ihres Angesichts« graben und säen und ernten.

Im Schatten der langen feuchten Mauer des Stalls, die aus sich den Salpeter absondert, aus dem man Schießpulver macht, liegen schwere graue Baumstrünke, auf denen die zart schmeckenden Rustenschwämme gezogen werden. Wo kein Schatten mehr hinfällt, beginnen die vielen regelmäßigen Beete des Gemüsegartens, eingefaßt von Büschen mit Beeren und von Weinstöcken, von Erdbeerfeld und Spargelbergen. Weithin – an seinem Rande von rauhstengeligen Kürbissen und Melonen durchringelt – breitet sich der Kartoffelacker, und dahinter steht undurchdringlich wie ein Dschungel von Bambus der Maiswald. In kurzem Rasen, damit die Früchte weich fallen und sauber bleiben, wachsen mit lichten Zwischenräumen Obstbäume jeder Art: Kirschen, Weichseln, Äpfel, Birnen, blaue und gelbe Zwetschken, Marille und Pfirsich und in den einfriedigenden Hecken an der Planke und dem

Zaun wuchern Brombeeren, Vogelkirschen, Haselnuß und Hagebutten. Im Gemüsegarten sind zwischen die Beete Stiefmütterchen und Reseda gepflanzt, im Obstgarten blühen wild kleine Veilchen, Primeln und Butterblumen. Überall summt es von Bienen. Die Luft ist rein, denn auch an den heißesten Tagen kommt etwas kühlender Windzug vom Fluß und aus der Au.

Tausenderlei Dinge gibt es hier jederzeit zu tun. Die Erde muß gut umgegraben und fein hergerichtet werden. Leicht geht der Spaten durch das schwarze lockere Erdreich: es ist eine Lust, mit der Hand hineinzufassen. Wir werfen sie durch Drahtgitter und bringen sie auf die genau mit Schnur und Pflock gezogenen Beete. Dünger muß in Schubkarren herangefahren und verteilt werden. Das dürre Unkraut und Bohnenstroh werden in knatternden Feuern verbrannt, aus den Obstbäumen und Sträuchern wird das Trockene ausgeschnitten, um ihren Fuß werden kleine Mulden gemacht, damit man sie später gut gießen kann. Die Hecken werden gestutzt. Aus der Gärtnerei des Schlosses kommen neue Büsche, in Stroh verpackt, und werden zusammen mit den jungen Bäumen eingesetzt. Das größte Ereignis im Garten war es, als die beiden großen Bäume ausgegraben und mit großer Kunst und Mühe umgesetzt wurden. Das ist eine so schwierige Sache wie die Aufrichtung des großen spitzen Steins, den man »Obelisk« nennt, auf einem alten Bild in dem großen Weltall-Buch. Die feinste Arbeit aber, so genau wie die eines Goldschmieds, ist das Veredeln der Bäume. Mit scharfem Messer spaltet Papa die Zweige und setzt, haargenau passend, zugespitzte Zweigstücke von edlen Bäumen ein, oder er verpflanzt auch nur ein winziges Baumauge in die Rindenhaut und verbindet den Baum mit Bast und Wachs. Auf dem wilden Kirschenbaum, der nur kleine bittere Früchte trug, werden nächstes Jahr schon große süße Weichseln wachsen.

Wenn der Garten im Winter sich gut ausgeruht hat und die ersten Schwalben sich zeigen, geht es an das Säen und Pflanzen. Feiner Same wird aus Tüten in die schnurgeraden Rillen gestreut, einzelne Körner werden mit den Fingern in die weiche Erde gestupft, kleine Pflanzen aus den warmen Mistbeeten geholt und eingesetzt. Bald geht das Wachsen an: Im Gemüsegarten sieht man es beinahe mit freien Augen, wie der hellgrüne Salat sich entfaltet, die Stengel der Zwiebeln sich strecken und der Schnittlauch aufschießt. Und schon beginnt auch die Ernte, die bis in den Winter nicht mehr aufhört, wenn wir die letzten Krautköpfe und Kohlrabi aus dem Schnee holen. Jetzt aber werden die Erstlinge des Frühlings, Radieschen, aus der Erde gezogen; an so einem schneeweißen Wurzelfinger hat Großpapa einmal seinen verlorenen Goldring wiedergefunden – eine ganz unglaubliche, aber wahre Geschichte. Sie schmekken frisch nach starker Frühlingserde und machen große Lust, alles mit dem Mund zu versuchen – obwohl uns das streng verboten ist – Blüten und Wurzeln, die herben Blätter und die Rinde der Bäume, die milchigen Körner des jungen Kukuruz und die honigfarbenen Harztränen, die aus den Rissen der Bäume kommen. Auch Steine muß man im Mund gehabt haben, um besser als nur durch Auge, Ohr und Nase zu wissen, wie alles *ist*. Wir wissen, wie Erde und Sand schmecken, Blattwanzen und Ameisen. Nur die Maikäfer anzubeißen – eine Tat, mit der meine Kameraden aus dem Ort sich brüsten – kann ich mich nicht entschließen, auch wenn sie versichern, sie schmeckten wie Schokolade.

Am besten schmecken die ersten Früchte (ich verstehe, daß man sie in der biblischen Geschichte auf

Altären opfert) und keine besser als die ersten Erdbeeren. Wenn die gepflückt sind, kommt die besonders appetitliche Arbeit, die langen Stangen des Spargels aus den tiefen Sandhügeln auszustechen. Später füllen sich unsere Körbe mit den Trauben der Ribisl, deren glatte feste Kugeln – rote, gelbliche und gestreifte – aussehen wie kleine Lampions oder wie die gestreiften Glaskugeln zum Murmelspiel, mit weichen Himbeeren und jungen grünen Erbsenschoten. Die ersten Kartoffeln werden ausgegraben und gleich in der heißen Asche eines knatternden Unkrautfeuers gebraten und gekostet.

Inzwischen muß man im Obstgarten wieder Zweige ausschneiden und Risse mit Wachs verheilen, muß später die Äste, die vor der Last der zu schweren Früchte zu brechen drohen, mit Stangen stützen und überall helfen. Das große Gießen geht an, in der Früh und am Abend, wenn die Sonne nicht brennt. Immer wieder fährt der Wagen mit der großen Wassertonne und füllt die Bottiche mit Wasser, und wir können die Künste des Gießens und Spritzens zeigen. Und ununterbrochen muß man den Garten gegen seine Feinde verteidigen. Der Maulwurf muß ausgegraben und getötet werden, mag er uns auch noch so leid tun, wenn er vom Spaten des Gärtners getroffen in seinem samtigen dunklen Pelz mit feinen Pfoten aus der zarten Schnauze blutend daliegt. Die häßlichen Regenwürmer dagegen dürfen am Leben bleiben, weil sie die Erde gut locker machen, und die Vertilgung der bleichen Engerlinge überlassen wir den Singvögeln. Deshalb bekommen sie Nester in der Dornhecke, wo der Zaunkönig nistet, und Häuser aus Holz auf den Bäumen, wo sie die buntschillernden kleinen Ungeheuer der pelzigen Raupen vertilgen. Die Schlupfwespen werden ausgeräuchert, die Kohlweißlinge verfolgt und die Maikäfer, wenn sie schlafen, von den Bäumen geschüttelt. Die gefräßigen Spatzen aber werden mit dem Flaubertgewehr geschossen und mit den Kleidergespenstern der Vogelscheuchen verschreckt, vor denen man sich selbst in der Dämmerung fürchten kann. Und in der Nacht streift der Nachtwächter durch die Gärten und paßt auf, daß keine Diebe kommen.

Und immer weiter geht das Wachsen und das Ernten. Die Kirschen färben sich. Mir ganz allein gehört ein Baum mit spanischen Weichseln, den ich selbst mit Papa gepflanzt habe; ich liebe ihn deshalb auch besonders mit seiner seidigen grauen Rinde, den gesunden dunkelglänzenden Blättern und den rötlichgelben glasigen Früchten, die ein wenig länglich sind. Das feine Tafelobst, das jetzt kommt, muß mit der Hand gepflückt werden, von kleinen Doppelleitern aus auf den mittelhohen, und von langen Sprießelleitern aus auf den ganz hohen Bäumen. Inzwischen bekommen die Melonen gewaltige Bäuche: glatte dunkelgrüne gibt es und solche, die mit einem hellen Aderwerk überzogen sind, und fein genetzte und geriefelte, die man »Turkestan« nennt und die wirklich etwas Asiatisches an sich haben, wie ein grüner Turban, den nur die Leute tragen dürfen, die nach Mekka zum Heiligtum des Propheten gepilgert sind. Es gibt Melonen mit wässerigem rosa Fleisch, mit gelbem und mit schneeig-weißem – wie Gefrorenes. Alle duften fein. Aus den ausgehöhlten Gehäusen kann man Köpfe machen, die – wenn man eine Kerze in sie hineinstellt – in der Dunkelheit zum Entsetzen aussehen mit ihren feurigen Augen, Nüstern und Zähnen. Mit solch einem Melonengespenst am Dache des Hühnerstalls haben wir einmal Janosch zu Tode erschreckt. Zum Schluß der großen Ernte, wenn auch die Kürbisse goldgelb geworden sind, werden mit sehr langen Stangen die Nüsse von den riesigen Nußbäumen in dem vorderen Garten geschlagen, unter ihnen sieht es noch lange aus wie nach einer Schlacht von Bäumen.

Die Schnitter haben uns von den Feldern eine Erntekrone aus hellem Stroh und trockenen Früchten gebracht, die im Speisezimmer über dem Tisch aufgehängt wird, und Mama baut in der schönen Kristallschüssel, die von zwei silbernen Hirschen unter einem silbernen Baum getragen wird, aus *allen* Früchten eine kunstvolle Pyramide: aus weichen Birnen, fein duftenden Äpfeln, aus jungen Walnüssen und schweren Trauben. Dann trinken wir den ersten Most. Um diese Zeit machen die Klosterfrauen, weit in der schönen uralten Kirche des Klosters von Sankt Zeno, in dem Großmama erzogen worden ist, auf dem Steinboden einen riesigen bunten Teppich aus allen Früchten und Gemüsen des Sommers. Man nennt dieses Fest: »Segen des Jahres«.

Die vier Weltteile

Die Wiese und die Wildnis

Hinter dem Gemüsegarten liegt, durch die hohe Planke getrennt, ein unregelmäßiges Stück Land, das nicht mehr zu uns gehört. Vielleicht gehört es niemandem, aber es ist wie ein Vorhof zu allem. Es ist noch eingezäunt gegen die Au und die Hutweide, von der durch einen kurzen sandigen Hohlweg der Fahrweg heraufkommt, über den man von rückwärts an unsere Ställe heran und in den großen Hof einfahren kann. Nur selten wird er von Papa gefahren, nur die Wasserwagen mit der großen Tonne, die in den heißen Sommern Wasser für den Garten bringen, fahren hier herauf, und es ist lustig, ihnen aufzulauern und unbemerkt ein Stück mit der kühlen Ladung mitzufahren.

Dieses Niemandsland hat einen vollen ungezwungenen Reiz. Nach Süden grenzt es an einen riesigen Obstgarten, der zum gräflichen Besitz gehört und der selbst wieder auf allen Seiten von Blumen und Obstgärten umgeben ist. Geht man durch sie durch, so kann man auf unerwartete Weise auf einmal am Hauptplatz des Orts herauskommen, was wie ein Zauber wirkt. Eine verschlossene kleine Pforte führt in dieses Obstparadies; den Schlüssel dazu zu haben ist ein Vorrecht. Seinen Mittelpunkt bildet ein riesenhafter Kirschbaum wie ich nie wieder einen gesehen habe. Seine gewaltige runde Krone ist wie ein dunkelglänzender luftiger Dom; sie ist zum Verjagen der Spatzen besteckt mit allerhand Knarren und Klappern und Tüchern, die einen lustigen faschingsmäßigen Lärm machen. Er überschattet zahllose Ribisl-, Himbeer- und Stachelbeerbüsche in schönen Reihen; an weißen Gartenmauern wächst am Rande des Gartens das köstlichste Spalierobst, schwere, weiche Birnen, flaumige Pfirsiche und sommersprossige heiß-duftende Marillen. Aber auch die seltensten Mirabellen (sprich Ringlohs) gibt es da an zierlichen Bäumen, die in sonderbarer Weise an kleine Damen erinnern. Den großen Baum voll von glänzenden roten Kirschen zu sehen, ist wie ein Blick ins Schlaraffenland. Während der Ernte sind Leitern in allen Größen bis zu schwindelerregender Höhe an ihn angelegt und in seiner Krone wimmelt ein ganzes Volk von Mädchen in bunten Sommerkleidern und Kopftüchern, die unter der Leitung des gräflichen Gärtners oder Kammerdieners mit Gesang und Geschrei Korb auf Korb voll Kirschen herunterreichen. Daran darf auch ich mich beteiligen. Wie es kommt, weiß ich nicht: aber als ich viel viel später zum erstenmal »Die Entführung aus dem Serail« sah, mußte ich an den einstigen uralten Kirschenbaum denken.

Und doch ist vielleicht die Wiese noch schöner. Eine solche Wiese habe ich nie mehr gesehen. Nicht einmal die sommerlichen Matten um Salzburg herum sind so schön. Man kann sie auch gar nicht beschreiben wie den Kirschbaum. Riesenhoch wächst das Gras: es geht uns bis zur Brust und manche Halme bis zum Rande unseres Strohhutes und alles ist da nebeneinander: alle Arten von Gras und wildes Getreide, seltsame zarte Gräser, an deren Rispen Punkte hängen wie in Mamas weißem Schleier, Zittergras, Sauerampfer und Salbei, rosa Federnelken und Butterblumen und viele Blumen, die ich nicht kenne, aber die schönste von allen mit ihrem weichen Blau in dem silbernen und seidigen Grün der Wiese: die Glockenblume. An manchen Stellen steht sie so dicht, daß die ganze Wiese einen blauen Hauch hat.

Durch die Wiese geht immer, wenn es noch so heiß ist, ein kühles Wehen, das Gras reicht uns bis zur Brust, wo wir es teilen, schließt es sich wieder hinter uns und hüllt uns in seinen Honig- und Tau- und Heuduft. Über der Wiese hängt wie eine tönende Wolke ein feines Zirpen und Brummen. Hunderte von Bienen schwimmen da in dem Duft, Wespen sind hier keine. Darunter aber hie und da eine freundliche Hummel wie ein Bär und allerhand Mücken. Aber eigentlich ist hier das Reich der Bienen. Sie kommen von den Bienenstöcken drüben aus den Gärten und holen für ihren Honig das Beste, das Feinste an Duft aus der Wiese.

Fast alles, was ich sehe, erinnert mich an noch etwas anderes, nur die Wiese erinnert an nichts anderes, sie ist nichts als sie selbst. Aber wo immer ich sie wiederfinden würde, ich wäre sicher, ich bin nicht weit von zu Hause.

Eine ganz andere Welt ist der Winkel drüben jenseits des Hohlwegs, hinüber gegen die Au zu. Da hat unter zwei mächtigen windzerzausten Bäumen, an die sich ein Dickicht mit Girlanden von wildem Hopfen anschließt, in der Nähe von ein paar riesigen Sonnenblumen ein Feldhüter oder ein Hirt seine Strohhütte gebaut. Sie sieht afrikanisch genug aus, ein Mittelding zwischen einem Termitenhügel aus Schilf und Robinsons Strohhut, wie ein großer Kegel. Aber für mich gibt es keine beneidenswertere Wohnung als diesen Pferch. Der Hüter ist für mich eine mysteriöse Figur. Ich sehe ihn nie, denn er waltet seines spannenden Amtes bei Nacht. Ich stelle ihn mir halb wie Robinson vor und halb wie Johannes den Täufer. Dieses Bild beruht auf den Dingen, die ich von Zeit zu Zeit, wenn ich wieder nachsehen komme, in seiner Hütte finde. Sicherlich hat er irgendeine alte Steinschloßflinte. Aber gefunden habe ich zwei geschnitzte Stöcke, den einen mit einer Reihe von Kerben, mit der er irgend etwas gezählt hat. Dann war es ein kleines Messer, Griff und Klinge ganz aus Holz, wunderbar glatt anzufassen und nicht zu vergleichen mit dem lächerlichen silberbemalten Messer, das ich habe. Da es Herbst war und ich annehmen durfte, daß der Geheimnisvolle sein Haus in diesem Jahre nicht mehr beziehen wird, habe ich es behalten; selbstverständlich werde ich es ihm im nächsten Jahr wieder an seinen Platz legen, einstweilen stärkt es, in meinen Gurt gesteckt, mein Selbstgefühl. Dagegen hätte ich ihm nie etwas von seinen Speisen weggenommen, so sonderbar verlockend sie auch waren. Einmal hatte er da getrocknete Sonnenblumenkerne auf einem kleinen, fein abgeriebenen Holzteller, das andere Mal ein paar zart gesprenkelte Kiebitzeier, kaum größer als eine große Haselnuß. Wieder ein anderes Mal war es eine Wabe, gefüllt mit einem bernsteinfarbenen Honig, der die ganze wilde Süße der Wiese in seine Farbe und seinen Duft verwandelt hatte. Die liegen zu lassen war ein Stück Überwindung, denn ich weiß, wie wunderbar es ist, in eine Wabe zu beißen, die zugleich knistert und ganz weich ist ... O Unbekannter, o Gourmet der Wildnis, von Dir, den ich nie gesehen, weiß ich, wie süß es ist, ein einfaches Leben zu führen und wenn ich in der Dämmerung nach Hause trolle zu dem reicher besetzten Abendtisch, der uns im Freien neben der Musa vor dem weißen Haus erwartet, dann weiß ich, ohne es zu ahnen, wie es einem Globetrotter zumute ist, der aus Afrika in die Kultur zurückkehrt. Nein, mir wird Jean Jacques später nichts Neues mehr erzählen können.

Aber auf diesem engsten Raum des Niemandslandes, wo gleichsam drei Erdteile friedlich nebeneinander lagern, gibt es noch eine vierte Welt: den Hohlweg. Alles ist hier »heißer« in seinem Bereich: die Farben, die Formen und die Gerüche. An seinen sandigen Klippen

44

wachsen die stark roten und gelben Blumen: der wilde Mohn und auch die Tollkirsche habe ich hier zum erstenmal gesehen. Hier gedeihen Pflanzen, die es in der Wiese und in dem Grasland vor dem afrikanischen Winkel mit seinen einzelnen glattstämmigen Nußbäumen nicht gibt: groblappige, mit fleischigen und rauhen graugrünen Blättern, die sonderbare Milch absondern und in der Hitze beklemmend stark und streng riechen. Hier habe ich die schlanke schwarze Schlange gesehen und es ist klar, daß sie hier zu Hause sein muß, so wie ich den großen Hirschkäfer – das Nashorn unter den Käfern – drüben bei der afrikanischen Hütte finden mußte. Und in den seitlichen Schründen des Hohlwegs wächst die Königin dieser Welt: die Königskerze. Sonderbar ist schon ihr Name, der an Königliches und Priesterliches erinnert und vielleicht nur einen anderen Namen verdeckt, den man nicht nennen darf. Daß sie aber zu uraltem Königtum in Beziehung steht, leuchtet mir auch ohne diesen Namen ein. Sie ist gebaut wie ein Szepter. Aber außerdem gehört sie für mich, ohne daß ich das erklären kann, zu Südamerika (das etwas ganz anderes ist als Nordamerika), zum Reiche der Inkas, zu Peru, dem Goldland.

Als die goldgierigen Spanier in das Land des letzten Inkas eindrangen, da ließ Montezuma auf tausend Mauleseln den Königsschatz von Cuzco in die hohen Berge an einen unbekannten Ort bringen und dort so verbergen, daß niemand bis auf den heutigen Tag ihn wiederfinden konnte. Zu diesen Bergen, zu diesem Schatz und zu Montezuma gehört für mich die Königskerze. Sie hat für mich einen heiligen Zauber: es ist wie ein Frevel, eine Königskerze zu brechen.

Aber es gibt hier in der Nähe noch andere Dinge, die an den Zusammenhang von Blut und Gold gemahnen. Unten, wo der Hohlweg endet, hinter dicken Holunderbüschen liegt verborgen ein häßliches rotes Gebäude, das kein Mensch betritt. Später habe ich gesehen, daß es das verdächtige hämische Aussehen hatte wie die gewissen roten Ziegelhäuser auf Bildern des Spuksehers Breughel. Der Name dieses Gebäudes, das sich gleichsam versteckt, wird nur ungern genannt: es ist die alte Schlachtbrücke. Wir beachten es gleichsam nicht, wenn wir an ihm vorüberfahren. Aber wenn wir es auch leugnen möchten, das Blut geopferter Tiere ist in der Gegend, in der Luft, und mischt sich mit der heißen Sandluft des Hohlwegs, mit den Königskerzen zu meiner Vorstellung von dem grausamen Ende Perus.

Aus dem Holz der Holunderbüsche – ich mag sie nicht, weder ihren Wuchs, noch ihren unleidlichen Geruch, noch ihr billiges Holz, noch ihre Früchte – entstehen, indem man das Mark mit einem Stab herausschiebt, unsere Blasrohre, durch die man kleine Kugeln aus ihrem eigenen Mark, aus Ton oder befiederte Bolzen blasen kann, die uns Janosch anfertigt. Und erst später habe ich erfahren (so sehr kann eine Welt im kleinsten Raum geschlossen beieinander sein), daß das Blasrohr die typische Waffe der *süd*amerikanischen Eingeborenen ist.

In dieser Welt werden unsere Strohhüte zu Sombreros, wenn wir uns in dem harten Gras, das am Rande des Cañons wächst, vorsichtig bis zum Rande der Sandklippen heranschieben, um dem heimkehrenden Papa aufzulauern.

Die Au

An der Au liebe ich schon ihren Namen. Es hallt aus ihm wider wie in den weiten Lichtungen zwischen den hohen silbrigen Weidenbäumen, Wasserduft ist in seinem Laut und das Graugrün tiefer Durchblicke.

Die Au ist wie ein unwirklicherer Wald. Ihre alten Bäume sind groß wie die eines Waldes, aber ihr Laub mit den schmalen zähen Blättern ist feiner als das im Walde, durchsichtiger auch, wie die Au selbst, mit dem Wasser verwandt. Im Wind der Au ist ein feines flüsterndes Singen und Pfeifen. Wenn die Luft über die Weidenblätter läuft, wenden sie ihre Farbe wie ein grauer seidener Regenmantel, der sein Futter nach außen kehrt.

Jede der Weiden hat ihre eigene sonderbare Form, keine gleicht ganz der anderen, jede ist ihr eigenes Wesen. Große gestürzte Stämme liegen merkwürdig gewunden wie chinesische Brücken über Tümpeln und kleinen Wasserläufen, zerfallene Kähne stecken in dem grauen zähen Schlamm, in Winkeln drängt sich Schilf und Rohr mit gefiederten Häuptern. Die Pflanzen des Bodens sind mit einer feinen weißgrauen Tonschicht überzogen. Es riecht herb und tief nach der reinlichen Bitterkeit der Weidenblätter, nach Minze und fauligem Holz, nach Schlamm und Muschel. Der Fuß tritt auf trockenes Schwemmholz, es bricht mit einem mürben Geräusch, eine Muschel zerknirscht und im Rohr knattert es leise.

Im Vorfrühling strudelt hier das Wasser unter den

Bäumen, gurgelt unter den Ästen durch, behängt sie mit moosigen Strähnen und schiebt kleine Driften aus blank gescheuertem Holz zusammen. Der ganze Auwald wächst aus dem Wasser, wie eine Verwandlung der Natur. Später überziehen sich die schwarzen Stämme mit den zartesten silbergrünen Schleiern. Aus den Tiefen der Au kommt fragend der Ruf des Kuckucks. Wir halten die Stimmen an und hören ihn unsere Jahre verkünden. Aus der Au holen wir unsere Weiden- und Rohrpfeifen. Ihr Raum ist voll von tiefen U- und I-Lauten, zwischen denen die Stille tiefer zu werden scheint.

Im Sommer flimmert die Luft zwischen den lichten Weidenschatten und in ihrem heißen Flirren stehen wie Geschöpfe aus Glas zitternd große blaue Libellen mit uralten Maskengesichtern.

Am meisten sie selbst wird aber die Au im Herbst. Tiefer werden jeden Tag die Durchblicke, Herbstnebel hängen zwischen den Stämmen, und in vielen Stufen hintereinander, immer ein Grau heller als das andere, zeichnet die Au ihre Tiefen ab, wie hinter Bühnenschleiern, die den Formen nichts von ihrer Genauigkeit nehmen, sie noch erhöhen. Zwischen Zweigen hängt ein Stück seidiges Blau, in einem Tümpel zerlöst sich ein letztes Rosa. Nebel fließt aus der Au. Unbeweglich stehen an ihrem Rande, Silber in Grau, die Reiher.

Im Winter ist die Au ein weiches Gespinst aus tuschschwarzen Flecken und Linien, aus ihren Tiefen hallt fein und stark die Axt der Leute, die Holz für unsere Öfen fällen und Eis für den Eiskeller brechen.

Etwas Freies ist in der Au und etwas Sehnsüchtiges. Aber sie ist auch älter, müder und weiser als das übrige derbere und frischere Land.

Zwei Dinge habe ich zuerst an ihr erfahren, für die ich die Namen erst viel später finden werde. Das eine ist ihre »Romantik«, der Zauber, den sonst nichts hat, weder Wald, Wiese noch Garten und Feld. Nicht umsonst wächst in ihr die blaue Blume »Vergißmein-nicht«. In die nächtliche Au, die ich kaum je gesehen habe, verlegt damals meine Phantasie die Elfen und das Einhorn. Das andere ist das »Malerische«. Ich werde die Feinheit alles dessen, was zur Au gehört – eines Wei-denblattes, eines Rohrstengels, einer Reiherfeder –, später wieder finden in der Feinheit chinesischer Zeich-nungen, ihre farbige Farblosigkeit und Elegie, ihre »Pastelltöne« bei den Franzosen des 18. Jahrhunderts – und ihre silbernen Räume bei Corot und Couperin.

Hinter der Au geht bei uns die Sonne unter. Das lindert den Schmerz um ihren Untergang. Ihre Schleier hüllen das letzte Rot und Gold ein. Aus der Au kommen der Nebel, die Nacht und der Abendstern.

Die Hutweide

Als Mama noch ein junges Mädchen und schon voll Leben und Lustigkeit war, ging sie jeden Tag, bei jedem Wetter, ob schön, ob häßlich, denselben Weg entlang dem Bahndamm in Acs spazieren. Die Gegend ist dort ganz uninteressant – Sand, Akazien, ein paar Mulden mit Obstgärten – und der Bahndamm ist ein ganz gewöhnlicher Bahndamm, mit struppigem, harten Gras, Disteln und ein paar Blumen. Und doch sind diese Spaziergänge für meine Mama eine der liebsten Erinnerungen und noch jetzt sehnt sie sich manchmal danach, am Acser Bahndamm spazierenzugehen.

Etwas Ähnliches ist für mich die Hutweide. Ein Fremder würde sie sicherlich für unglaublich langweilig und häßlich erklären, nur gut, um sich die Schuhe entweder staubig oder kotig zu machen, und selbst wenn man sie mit den freundlichsten Augen betrachtet, muß man sagen: es ist wirklich nichts Besonderes an ihr. Zwischen der Au, dem Fluß weitab draußen, der großen Landstraße und unseren beiden unteren Gärten – von denen sie nur ein schnurgerader durchsichtiger Lattenzaun trennt – liegt sie in völliger Leere da. Kein einziger Baum, kein Strauch ist auf ihr zu sehen; rechts duckt sich das kleine verschlafene Gehöft in sie hinein, etwas näher zu uns liegt der Gänseteich, in dem die Bauernbuben splitternackt baden und in dem unsere Katzenkinder ertränkt werden, und nur links ist der hohe schräge Arm des Ziehbrunnens das einzige, was sich über die einförmige Fläche aufrafft. Die Hutweide hat eigentlich auch gar keine richtige Farbe, ihr rauhes Gras ist nur kurze Zeit halbwegs grün, sehr bald dörrt es aus, wird fahl, und im Sommer ist die ganze weite Fläche weiß von Staub. Auf der Hutweide gibt es nur ganz gewöhnliche Erde, von vielen Tieren zerstampft, die Spuren der Herden, zahllose Maulwurfshügel, ein paar leere Gräben, niedere anspruchslose Pflanzen. Disteln und Kletten sind hier zu Hause, kommunes Pflanzenzeug.

Auch die Bewohner der Hutweide sind die ordinärsten: ganz gewöhnliche Schweine und Kühe aus dem Dorf. Beide haben fast dieselbe Farbe wie der farblose Boden. In der Früh holt der Sauhirt die Schweine aus dem Dorf, im Halbschlaf höre ich das unschöne, aber sonderbar stärkende Tuten seines Horns. Untertags wandern die Herden auf der Weite der Hutweide herum. Mittags, wenn die hohe Sonne wie eine Last auf das Land drückt und das Vieh schläfrig am Boden döst, sucht sich der Hirt den einzigen Schatten, den es auf der Hutweide gibt, unter einem der großen Nußbäume am Rande unseres Gartens, der beim Ziehen der Grenze außerhalb des Zaunes geblieben ist. Da lagert er in seinem lehmfarbigen Pelz, das schmutzige Lammfell zum Schutz gegen die Hitze nach außen gekehrt, die Kürbisflasche am Gürtel, zündet sich zwischen zwei mitgebrachten Ziegelsteinen mit Stahl und Lunte ein kleines Feuer aus Ästen und Blättern an und brät auf kurzen Spießen, deren Spitze er im Feuer gehärtet hat, über zwei Astgabeln gelegt seinen Speck oder kleine Stücke Fleisch mit Zwiebeln oder Knoblauch; das abträufelnde Fett fängt er auf groben Schnitten eines schwarzen Brotes auf und wenn ich mir beim Zusehen durch den Lattenzaun die Nase platt drücke, gibt er mir ab und zu ein Stück, aber selten — denn er bezweifelt wahrscheinlich, daß die »Herrschaften« meinen vertraulichen Umgang mit ihm billigen würden. Wenn es dämmerig wird, zieht er mit der Herde wieder heim, an der Ecke unseres Gartens bei den Pappeln vorüber, und verteilt seine Pfleglinge im Ort. Diese Heimkehr der Herde und der Staubdunst, den sie aufgewirbelt hat, gehören zum hochsommerlichen Abend.

Nein, »schön« ist das alles bestimmt nicht. Nur der Himmel ist hier besonders hoch, höher als irgendwo bei uns. In seinem weißlichen Glänzen hoch oben irgendwo versteckt singen die Lerchen, die man kaum sehen kann, so laut, als ob ihr ganzer kleiner Körper ein einziges Stimmband wäre.

Das irdische Gegenspiel dazu ist der Chor der Frösche. Ihr Reich ist weniger der große Tümpel, in dem die Enten und Gänse sie zu sehr stören, als ein breiter nasser Graben, der die Hutweide von der Au trennt; ihre Zeit ist der Abend. Das setzt fast mit einem Schlage ein, wird immer lauter und der Lärm des Chores steigert sich zu einer Stärke, die fast nicht zu glauben ist. Über den dumpfen Stimmen der Unken, die ausdauernd und rhythmisch ihr U rufen, liegt wie ein einziger an- und abschwellender knarrender Ton das Quaken des Froschvolkes und das laute Zirpen von Grillen. Die Dämmerung selbst scheint Lärm zu machen und noch im ersten zwielichtigen Mondschein redet die Hutweide mit der Stimme der Frösche.

Das einzige, was Abwechslung in die Eintönigkeit der Hutweide bringt, sind die Beleuchtungen und die Luft. Über die weißgraue Fläche wandern mittags manchmal große schwärzliche Wolkenschatten. Die Hitze gebiert kleine Luftwirbel, die wie Modelle von Tornados ein Stück über den Boden wandern und dann wieder in sich zusammenfallen. Wenn ein großes Unwetter aufsteigt, scheint sich der ganze Sand der Hutweide in die Luft zu heben wie eine schwefelgelbe Wand, und noch tagelang danach spürt man ihn zwischen den Zähnen.

Zur Hutweide gehören auch keine besonderen Geschichten, Ereignisse oder Wesen. In dem kleinen Gehöft, das »Grüner Frosch« (zelena zaba, öld béka) heißt, soll es im Mai gebackene Froschschenkel zu essen geben. Ich habe nie erfahren, ob das wahr ist. Denkwürdig ist, daß einmal sogar einem der Schweine, sonderbarerweise dem magersten Tier, die Hitze zuviel wurde: Es begann endlos im Kreise herum zu rennen und mußte getötet werden. Das sind die einzigen Geschichten, die ich zur Hutweide weiß und mit ihnen ist wenig Staat zu machen. Im Herbst versuchen wir hier unsere Drachen steigen zu lassen, darunter den schönen aus blauer und gelber Seide, der aus Belgien kommt und »L'aiglon« heißt, aber meistens gibt es hier keinen rechten Wind, sondern nur Böen und wir verlegen es lieber zu uns hinauf auf die Höhe.

Das einzige Wunder der Hutweide ist die »Fata morgana«. Ich habe sie nur einmal gesehen und es war eine rechte Enttäuschung. Weit draußen gegen die Drau zu glänzte über dem Boden die Luft weiß und grün und blau, und da alle es versicherten, glaubte ich ein Dorf am Wasser mit weißen Häusern und grünen Bäumen zu sehen. Dann war das verschämte Phantom auch schon zerflossen.

Aber abgesehen von dieser Täuschung ist die Hutweide das Prosaischeste, was es überhaupt gibt. Ihre Einförmigkeit mit der des Meeres oder der Wüste zu vergleichen, wäre schon viel zu poetisch. Sie hat weder den Glanz des einen, noch die Klarheit der anderen. Nicht einmal wenn ein ungeheures Hochwasser der Drau die ganze Weite unter Wasser setzt und bis in unseren Garten hereinleckt, denke ich je an das Meer. Bestenfalls sieht dann die Hutweide mit den Zäunen und Stangen, die aus der Flut herausragen, aus wie die trübe Lagune auf der holländischen Landschaft im Fremdenzimmer bei meinem Onkel.

Aber dieses bedingungslos Prosaische und Einförmige war vielleicht – so sehe ich es jetzt – gerade ihr eigentlicher Reiz. So wie ein ländliches Brot kann sie einem nie langweilig werden. Hier gibt es keine Ablenkung und Abwechslung und davon geht eine große Ruhe aus. Hier ist man der Sonne ausgeliefert ... Heute kommt es mir vor, daß ich von vielen mir beinahe nahen Menschen für immer getrennt bin, weil ich mit Sicherheit fühle, daß sie für die Hutweide kein Verständnis haben würden. Und ich weiß, daß ihnen dann eine besondere Kraft und Frische abgehen muß, die meine Mama hatte und die aus dem göttlichen Mut kommt, die Dinge ganz prosaisch und irdisch zu nehmen. Mama nennt solche Menschen, die nur für das Allzufeine und Schöne Sinn haben »Wassertriebe«.

Vielleicht – ich weiß es aber nicht sicher – hängt mit der Gewohnheit, die reizlose Hutweide täglich vor sich zu haben, mein Bedürfnis zusammen, in der sehr großen Stadt, in der ich die nächsten Abschnitte meines Lebens verbringen werde, sehr reizlose Stellen aufzusuchen: Überschwemmungsgebiet, Uferböschungen und »Gstätten«, wo es gar nichts zu sehen gibt. Freilich ist das nur ein Ersatz, denn in der Großstadt tragen solche Stellen eine eigene stimmungsvolle Ödigkeit und falsche Romantik mit sich, die unserer Hutweide ganz fremd ist. Treffender ist sie vielleicht mit einer einfachen nüchternen Dorfschenke zu vergleichen, wo formlose Tische und leere Wände einen mit nichts davon ablenken, zugleich mit dem ländlichen Wein die große Eintönigkeit in sich hineinzutrinken. Ich möchte das heute auch deshalb vermuten, weil die Leute, die zuerst den Reiz der uninteressanten Landschaft, des leeren hohen Himmels und der bräunlichen Farblosigkeit entdeckt haben, auch die Reize der obskuren Schenken so gut kannten.

Was die Phantasie in solchen Erlebnissen findet, ist das Glück der Gewißheit, daß diese Erde – unter anderem – auch wirklich irdisch und gar nichts Besonderes ist. Das wissend zu genießen, ist freilich schon ein Zustand *nach* dem Sündenfall. Und was die Hutweide einmal für mich war und zu meiner Freude immer bleiben wird, wird davon gar nicht berührt.

Der Park

Seine Schönheit, sein frühsommerliches Glänzen und Duften verschließt der Park gegen die Welt mit vielen Umhüllungen gewöhnlicher grüner Bäume, so daß er von außen ganz einförmig aussieht wie eine einzige grüne Baummasse. Und überdies umschließt ihn – wie ein verbotenes Reich – die lange weiße Parkmauer. Sie hat kein Tor – der einzige Eingang in den Park ist durch den Hof des Schlosses –, nur zwei oder drei versteckte kleine Pforten, zu denen außer dem Grafen nur Papa den Schlüssel hat. Und nur von den Fenstern unseres Hauses sieht man hie und da durch die Bäume hindurch – wie man durch den Schlitz eines Vorhangs die Bühne ahnt – das behütete Innere des Parks.

Auch das Schloß ist eigentlich nur ein langgestrecktes, ebenerdiges weißes Haus, aber alles ist da aus feinerem Stoff als bei uns. Die gemaserten und polierten Hölzer der Türen, die schönen stumpfroten Fliesen am Gang, die glänzenden kleinen Bretter, aus denen der lichte Fußboden zusammengelegt ist, die feinen Rahmen aus Stuck an den Plafonds, die Gewebe der Läufer und Teppiche oder selbst die Art, wie ein Sonnenvorhang gerafft ist – alles ist zur Freude für die Augen. Die gepflasterten Regenwege über den Hof sind nicht wie bei uns aus Ziegeln, sondern aus feinen gelben Platten. Ja sogar die Ziegelsteine, aus denen das Schloß gebaut ist, und der Mörtel sind sorgfältiger gewählt und feiner gebrannt. Und nicht nur feiner ist alles, sondern es hat auch alles etwas seltsam Wohltuendes in den Maßen und Verhältnissen. So ist es auch im Park: von seinen weiten Rasenflächen und hohen Baumgruppen mit fremdländischen Bäumen geht etwas Ruhiges, Herrschaftliches, ja Majestätisches aus. Der Rasen ist feiner als uns scheint und dichter, wie ein kurzgeschorener Plaid, der Kies gleichmäßiger und glänzender, der gelbe Sand weicher, ja sogar die Formen der Dinge scheinen im Park klarer, die Farben leuchtender, die Luft scheint durchsichtiger und frischer, das Rauschen der Bäume mächtiger zu sein. Das Wasser, das der Springbrunnen in den Himmel wirft, ist wie Kristall. In schönen Mustern liegen die Blumenbeete im ebenen Teil des Parks. In sanften Schwüngen, denen es angenehm zu folgen ist, führen die Wege um Bäume und Büsche. Und zwischen zwei großen Bäumen hat man Durchblicke, die so groß und klar sind wie gemalte Bilder eines Theaters. Alles was es im Park gibt, ist nur da, um schön zu sein. Deshalb gibt es auch keine gewöhnlichen Obstbäume im Park — mag ihr Obst auch noch so gut schmecken. Aber die Orangen- und Zitronenbäume in Kübeln sind da, weil die dunkel- und hellgelben Früchte im dunkelgrünen Laub so angenehm anzuschauen sind. Und die japanische Quitte ist keine Ausnahme; der zarte Strauch ist nicht seiner glatten kühlen Frucht wegen da, deren Herbe den Gaumen zusammenzieht, sondern wegen der rosa träumenden Blüten.

Auch in Valpo — ein oder zwei Wagenstunden weit von uns — gibt es ein Schloß, das sogar größer ist als unseres, und dazu einen Park mit verfallenen Wegen, mit alternden Bäumen und verwitterten grauen Steinbildern, die aus dem hohen Gras und den ungeschnittenen Büschen hervorschauen. Papa sagt, daß dieser wilde Park malerisch und sehr schön ist, aber mir will er nicht so recht gefallen. Um schön zu sein, muß alles so heiter, frisch und gepflegt sein wie im Park bei uns: die

Wege sauber mit Kies bestreut, die Ränder des Grases scharf abgestochen, das Gras immer geschoren, gegossen und ohne das kleinste Unkraut. Deshalb gehört zum Park ein Heer von Gärtnerburschen und -mädeln, die die abgebrochenen Äste sofort entfernen, die dürren Blätter aus dem Gras rechen, den Kies immer wieder neu durchsieben und auf den Wegen verteilen und mit Unmengen von Wasser Blumen, Büsche und Bäume so erquicken, daß sie immer frisch aussehen wie nach einem guten Regen.

Was Schloß und Park so sehr über das Gewöhnliche erhebt, das Erlesene und Gepflegte, das spürt man am deutlichsten in seinen Düften. Schon im Schloß duftet es unwahrscheinlich gut nach tausenderlei feinen Dingen: nach Juchten, feinen Möbelstoffen und Lacken – frisch, aber ohne aufdringliche Neuheit. Und der Park selbst ist ein Ozean der Blumen, wo die verschiedensten Düfte durcheinanderwogen: von dem süßen heißen Duft so vieler Rosenarten bis zu den herben, bitteren und harzigen Düften fremder Pflanzen und Hölzer. Es gibt aber in diesem Reich von Schloß und Park einen Geruch, der für mich – neben dem Geruch des Weihnachtsbaumes – das Höchste ist, was es im Reich der Düfte gibt und das sicherste Anzeichen, in eine höhere selige Welt geraten zu sein. Das ist ein Geruch, der an schönem, fein verputzten und bemalten Mauerwerk haftet. Aber sein Erscheinen muß an ganz besondere, sehr seltene Bedingungen gebunden sein und zu gerne möchte ich – obwohl es gar zu unwahrscheinlich ist – glauben, daß er nur Räume auszeichnet, in denen ein hohes Glück gewohnt hat. Diesem paradiesischen Duft, der nichts Körperliches an sich hat und so frisch ist wie der Atem eines Kindes, bin ich zuerst in den Räumen des alten Schlosses in Miholjac begegnet. Dieser Duft *ist* nicht nur – er verkündet noch etwas anderes – das Nahen einer Freude, wie sie nur der Himmel bieten kann. Wenn Engel duften, so müßten sie so ähnlich duften, so ohne Süße süß. Eine Spur davon hängt manchmal noch in alten Stiften, ist aber dort wehmütig überdeckt von etwas Gewelktem und Altem. Und gealterte Engel gibt es nicht. In völliger Reinheit bin ich ihm nur zweimal in meinem ganzen Leben wieder begegnet, jedesmal mit dem Gefühl eines unbeschreiblichen letzten Glücks. Das eine Mal in zwei Zimmern des Schlosses Schönborn in Niederösterreich, noch heute bewohnt, das mit seinem zierlichen weißen Körper spielend den übergroßen alten ländlichen Park beherrscht. Dort habe ich alle Sinne angespannt, um zu erforschen, wovon dieser Geruch ausgeht: Von dem Stuck der Wände oder von den feinen vergilbten Seidenstoffen einer vornehmen Familie barocker Fauteuils. Und zum zweitenmal, noch viel deutlicher, als ich zum erstenmal im Vatikan durch die Galerien des vatikanischen Museums mich der Sixtinischen Kapelle näherte – so als ob hohe Kunst selbst durch einen geistigen Duft sich ankündigen könnte. Aber vielleicht liegt die innere Bedingung dafür, daß dieses Erlebnis des *göttlichen* Duftes sich in uns entfaltete, in uns selbst, und wächst aus dem Boden einer großen unpersönlichen Freude, eines Entzücktseins für die Schönheit als solche.

In den Juninächten, wenn an der Parkmauer die weißen Blütentrauben der Akazien schwer duften, singen in den Büschen dahinter die Nachtigallen. Ihr Gesang ist so stark und weich, so kunstvoll, so *schön*, daß es einem einleuchtet, daß sie am liebsten im Parke wohnen.

So ein Reich des Schönen war unser Park – der Park »unseres« Grafen. Und in gewissem Sinn war der Park – wie ich heute sehe – auch ein Museum der Natur. Da waren aus vielen Erdteilen die seltensten Bäume und Pflanzen zusammengebracht, jeder einzelne für sich des Anschauens wert. An viele erinnere ich mich noch heute genau. Da gab es einen Baum mit riesigen lila Blüten, der im Herbst große Schoten abwarf, einen mit scharfen Stacheln an den Ästen, aus denen die Krone des Christus geflochten worden sein soll. In einem Glashaus, in dem uns die Pflanzen der Tropen mit ihrem feuchten fleischlichen Atem beklemmen, blühen Seerosen fremder Zonen, sieht man Bambus; hier ist die Winterheimat unserer Musa. Ein großer pyramidenförmiger Baum im Park hat schokoladefarbene Blätter, ein anderer Blätter, aus deren weißlichem Grün das Licht so stark hervortritt, daß man von weitem glauben kann, ein Sonnenstrahl liege gerade auf ihm. Den Teil einer Wiese mit herangeschafften Steinen überzieht ein zähes, dunkelrot blühendes Gebüsch, daneben zeigen sich fiedrige hellgrüne Farne. Am Fuße jeder Pflanze ist eine kleine ovale Tafel angebracht, mit einer schön gestochenen, in Haar- und Schattenstrichen gezogenen, liegenden Schrift, wie man sie manchmal in Urgroßvaters Büchern noch sieht, auf denen uns Papa die wunderbar, wie Zaubersprüche tönenden lateinischen Namen der Gewächse vorliest.

Der Park ist aber nicht nur so schön wie ein Museum (von dem ich freilich damals noch gar nichts weiß), sondern auf die Dauer auch so langweilig. Im Park darf man nur gesittet herumgehen, schauen, neben Mama unter einem Sonnenschirm auf einer schön geschwungenen weißen Bank aus Eisen sitzen oder in einem mitgebrachten Buch lesen. Es ist nicht daran zu denken, daß man über die Rasenteppiche läuft, auf die Bäume klettert oder gar ein Indianergeschrei anstimmt. Der Park ist eigentlich für Erwachsene da. Sehr angenehm denke ich es mir, im Park bei schön gedecktem Tisch das Frühstück oder die Jause einzunehmen, wie der Graf und die Gräfin es wohl tun. Aber so gerne ich mit Papa oder Mama an einem Mai- oder Junimorgen in den Park gehe und mich von seinem sommerlichen Glänzen und Duften einhüllen lasse, so gerne gehe ich, nach einer Stunde spätestens, wieder aus ihm heraus und zurück in die Gärten, die uns gehören.

Etwas freilich neide ich dem Park: das ist der Springbrunnen. Ich stelle es mir zu schön vor, so einen Springbrunnen bei uns im Hof zu haben und schon am Morgen sein kühles Plätschern draußen im Hof zu hören.

Wenn im Herbst die Kronen der Bäume durchsichtig werden, erschließt sich von unseren Fenstern – und nur von unseren – hier und da ein überraschend tiefer Blick in den ruhenden Park. Gerade uns gegenüber im Herzen des Parks steht ein riesiger Baum, in dessen Äste lange metallene Fäden gespannt sind. Und wenn der Herbstwind besonders gewaltig braust, dann fängt der alte Baum leise und tief zu tönen an und seine Töne schweben, ohne daß man weiß, wer sie macht und woher sie kommen, durchdringend und geisterhaft durch die Lüfte. Das ist die Äolsharfe des herbstlichen Parks, und wenn ich mich heute daran erinnere, muß ich an Ossian, an die Berge Schottlands und an die Fingalsgrotte denken.

Dann kommt der Schnee, deckt alle Wege und das dürre Laub zu. Zwischen den schweigenden Stämmen, die ihn bewachen, ruht das Herz des Parks in stummer Majestät, wie ein schlafender Kaiser.

Auf den Feldern

Mit Papa am Wagen

Endlos dehnen sich im Süden der Drau nach allen Seiten die Felder und wo sie doch zu Ende sind, da steht wie eine weiche Wand der tiefe Wald.

Stundenlang rollt unser Wagen in flottem Trab auf der harten Steinstraße und das feine Stoßen des Schotters läuft prickelnd durch alle Glieder. Dann fühlt man es plötzlich mit dem ganzen Körper, wie die Räder auf einen sandigen Fahrweg ins Weiche abbiegen. Hier und da muß man sich am Bock bücken, damit die Zweige der Bäume einem nicht die Mütze abstreifen, oder zur Seite neigen, wenn wir dem großen Heu- oder Strohwagen vorfahren, der seine Halme auf uns abstreut, oder man muß sich gut festhalten, wenn der Wagen durch ein tiefes Wasserloch fährt und das schlammige Wasser bis über das Trittbrett heraufleckt. An manchen Stellen umwehen uns kühle Strömungen der Luft, in denen es frisch und tauig duftet, und dann wieder hat sich zwischen Büschen das Heiße gefangen und badet einen in dem starken würzigen Geruch sumpfiger Kräuter. Auf den glänzend gestriegelten Rücken unserer Pferde, die nicht so leicht ermüden, tanzt das blanke Leitseil in den Ringen und unten zwischen den Hufen ziehen Straße und Weg nach rückwärts wie ein endloses staubiges Band.

So weit der Blick reicht, sprießt und wächst es auf den Feldern: Korn und Weizen, Hafer und Gerste, Klee und Wicken, Zuckerrüben und Kukuruz. Dazwischen tauchen Wiesen auf, von Pappeln gesäumt, mit weidenden

Herden von Rindern oder Schafen, Koppeln mit Pferden und Fohlen, und hie und da ein lichtes Wäldchen mit dornigen Büschen und krummen Bäumen. Sie sind wie kleine unordentliche Inseln im Ozean der großen Ordnung der Felder.

Zu jeder Jahreszeit wird überall gearbeitet: gepflügt, gedüngt, geeggt, gehäufelt und geerntet. Vielerlei Maschinen gibt es zu sehen, solche die säen, die mähen, die aus den geschnittenen Halmen gleich fertige Garben binden, und die große Erfindung des Dampfpflugs, der zwischen zwei ungetümen Lokomotiven mit breiten Rädern die wippende Reihe der Pflugscharen an einem Drahtseil durch die fetten Schollen zieht.

Im Frühjahr sieht man auf der weiten Ebene nun hunderterlei verschiedenes lichtes Grün, nur da und dort leuchtet ein einzelner Streifen hellgelb und himmelblau: blühender Lein und Flachs. Dann wächst im Grünen das Gelbe mehr und mehr an, besiegt alles und die ganze große Weite wird gelb und bräunlich golden. Wenn der Sommerwind darüber läuft, werden die Felder im Neigen und Wiederaufrichten der Halme bald heller, bald dunkler, wie ein gelbes Meer, über das Wolkenschatten ziehen. In diesen sonnigen lichten Wogen unter dem hohen weißlich glühenden Himmel treten alle anderen Farben gleichsam in ihren Zenit: sie sehen stärker und dunkler aus als sonst im Jahr. Die weißen Wolkenberge haben Ränder wie leuchtender Schnee, das Grün der großen Alleebäume ist ganz schwer und etwas Röteres und Blaueres als den Klatschmohn und die Kornblumen kann es nicht geben. Ihre Farben sind so stark wie das Rot und Blau der Mähmaschinen, wie der reife heiße Duft des Getreides und wie die große Hitze, die einen zugleich einschläfert und belebt. Das Jahr nähert sich seinem Äquator. Wir steigen ab, zerreiben reife Ähren zwischen unseren Handflächen und kosten die warmen bräunlichen Körner. In ihrem Geschmack ist die ganze Fülle des Sommers und der Sonne: die Ernte ist nicht mehr weit.

Über die Felder gehen, bunt wie ein Erntekranz, die Reihen der Schnitter und Binder. Die Sensen blitzen weit über das Land, aus kunstvoll zusammengebauten Garben bilden sich die Regimenter der Mandeln und über die Stoppelfelder, auf denen schon die Ruhe des Nachsommers liegt, hört man von weitem das schönste Geräusch des Sommers: das Brummen der Dreschmaschine. Dann steht unser Wagen unter ein paar schattigen Bäumen oder im Strohduft einer hohen Triste, und während Papa sich über die Arbeit berichten läßt und alles überprüft, sehe ich, umhüllt von der Hitze, dem Geruch des glühendheißen Wagenleders und des öligen Rauchs, der Dreschmaschine zu, wie die Kugeln des Ventils kreisen, der Riemen des Lokomobils läuft, der Elevator das Stroh nach oben trägt, der Häcksel sprüht und die Körner in die Säcke rinnen. Auf den Feldern gibt es keine Ungeduld. Gerne warte ich lange, bis alles geordnet ist, und sogar in der Langeweile des Wartens ist die große Mittagskraft des Sommers.

Diese Ausfahrten sind überhaupt nicht zum Kurzweil da, sondern Papa muß die ganze »Herrschaft«, die so groß ist wie ein kleines Königreich, bereisen, damit alles so geschieht wie es geschehen muß. Auf diesen Fahrten sitze ich anfangs am Rücksitz links neben Papa, er spricht mit mir und zeigt und erklärt mir alles, hier bin ich ihm näher als zu Hause und wir gehören ganz zusammen. Aber dann steigen die Herren »Verwalter« der Reihe nach zu ihm auf den Wagen, ich beziehe meinen Platz neben dem Kutscher auf dem Bock und werde ganz vergessen. Und das Herumstehen auf windigen Äckern kann manchmal wirklich recht langweilig werden. Aber alle Lieblingsspiele werden sofort im

Stich gelassen, wenn der leichte, hochgebaute Feldwagen – der selber so gelb ist wie das Getreide – vom Stall her vors Haus rollt und es heißt, daß ich mitfahren darf. Und schrecklich leid tut mir mein Bruder, der noch zu klein ist, um auf diese Unternehmungen mitgenommen zu werden.

Alles, was es auf diesen Fahrten zu sehen gibt, fast alles, hat mein Papa geschaffen. Die Felder sind von ihm eingeteilt, er hat bestimmt, was in jedem Jahr auf ihnen wachsen soll. Er hat die sumpfigen Wiesen entwässert, die Pflüge und Maschinen angeschafft, die man draußen arbeiten sieht, die schönen weißen Ochsen mit den mächtigen Hörnern und die braunen Kühe mit den riesigen Eutern. Von ihm sind die meisten Meierhöfe und Ställe neu gebaut, manche Brücke, die kleinen Feldbahnen und sogar die Fabrik.

Mein Papa kann alles. Er kann das störrischste Pferd reiten und einen Viererzug kutschieren, er schießt die Schnepfe im Flug und trifft mit der langen Pistole auf dreißig Schritt ins Schwarze, er kann mein Gewehr reparieren und mir einen Bogen machen, er malt wunderschöne Bilder und hat mir das schönste Bilderbuch gezeichnet, in dem die ganze Welt drin ist: Sonne und Mond, die Kirschen und der Osterhase, das Tintenfaß und unsere Lampe, die Geburtstagstorte und der Christbaum. Mir erscheint er viel mächtiger als unser Herr Graf, dem alle diese Güter gehören und der doch keine rechte Freude daran hat, sondern mit seinem Zwicker nach Indien und Afrika fährt, um dort die merkwürdigen Tiere zu schießen, deren Trophäen man im Schlosse sieht. Meinem Papa gehorcht hier alles und gegen seinen gerechten Befehl gibt es keinen Widerspruch. Und als einmal im Manœuvre Soldaten durch die Felder trampeln wollten, da ist Papa ihnen entgegengeritten und hat ihren Hauptmann gezwungen, umzukehren.

Zwei- oder dreimal im Jahr darf ich auf die ganz großen Fahrten mitkommen, die bis an die fernsten Grenzen unseres Reiches führen: viele Stunden weit stromaufwärts an der Drau, nach Martince oder Adelinstan oder tief nach Süden in den großen Wald hinein, wo ganz umfangen von der grünen Wildnis ein kleiner Hof liegt, dessen Name schon sonderbar und ein wenig unheimlich klingt: Krunoslavje. Dann stehen wir beide schon ganz früh auf und, wenn Mama noch schläft, rollen in der Dämmerung, fest in die rauhen gelben Pferdedecken gewickelt, aus der Einfahrt. Am Fluß und im Wald gibt es viel mehr zu sehen als auf den Feldern. Die feuchten Wiesen am Rande der Drau mit ihren Schilfdickichten und mächtigen, von Schlingpflanzen überzogenen Bäumen beherbergen ein Zigeunerdorf, auf dem die Sonne Indiens brütet; bettelnd laufen die nackten braunen Kinder unserem Wagen nach. Im Walde haben wir einmal eine große schwarze Schlange gesehen, den durch einen Blitz von oben bis unten gespaltenen Baum und sogar einen Luchs. Auf den Feldern gibt es nur Rebhühner und Hasen und höchstens einmal einen Iltis oder Hamster. Und doch erwarten einen auch hier Abenteuer. Die Gegend kann überschwemmt sein, so daß der Wagen tief durch das unerforschte Wasser fahren muß, das Brücken und Wege weggespült hat. Einmal haben wir die frischen Spuren einer gewaltigen Windhose gefunden, die die neue Ziegelwand eines Stalls mit unvorstellbarer Wucht durchbrochen, Menschen weit fortgetragen und daneben einen morschen Zaun unversehrt stehengelassen hatte. Oder ein Gewitter kann aufsteigen und uns zwingen, mit dem heißen Staubwind, der ihm voraneilt, um die Wette zu fahren, bis wir endlich beim Fallen der ersten schweren Tropfen unter nachtfinsteren Wolken unser Haus erreichen, wo Mama mit Sorge auf uns gewartet hat.

Aber auch wenn nichts dergleichen sich ereignet, gibt es in der Eintönigkeit Stellen, an denen etwas Geheimnisvolles sich erschließt und wo in zauberhafter Weise Fernes sich im ganz Alltäglichen spiegelt.

Da gibt es die Stelle mit den drei Bäumen, die, ohne daß man sagen kann warum, am hellichten Tag etwas Unheimliches hat, wie ein Galgenhügel; sogar unsere Pferde spüren es, denn sie legen die Ohren zurück, wenn wir dort vorüberfahren. Da gibt es das sonderbare einsame Haus, wie aus einem bösen Traum, das mehrstöckig aus roten Ziegeln aussieht wie ein verlorenes Stück einer Fabrik, und aus kahlen Fenstern über die leere Weite schaut; was ich dort zuerst empfunden habe, habe ich viel viel später in Rußland wiedererkannt. Wenn der Himmel grau ist und sich weißlich in den Pfützen und Geleisen der regnerischen Straße spiegelt, dann steigt aus der Gegend um die kleine Kapelle, dort wo die Straße ein Stück ansteigt, etwas von der Luft des Mittelalters auf, als ob eine Burg nicht weit wäre, und die Plachenwagen, denen man auf der Straße begegnet, zu einem turmbewehrten Stadttor hinführen, das irgendwo im Nebel verborgen ist. Dann gehört zu dem alten Bettler, der am Eingang unseres Dorfes unter zwei krummen Bäumen sitzt, der heilige Martin auf seinem Rappen, der seinen roten Mantel für den Armen zerteilt. Am heißen Morgen liegt in dem schütteren Wäldchen aus Zwergeichen der lichte Schatten, den ich einmal unter Ölbäumen wiederfinden werde, und teilt dem rasigen Grund, auf dem die Schweine ihre Eicheln suchen, etwas von der Landschaft mit, durch die in meinem Buch vom »Don Quixote« der fahrende Ritter mit seinem treuen Sancho Pansa reitet, und macht einem Lust, mit dem Wagen immer weiter durchs Land zu fahren, ferneren Städten und Bergen zu, und auf den vielen Straßen vielen merkwürdigen Abenteuern zu begegnen.

Aber noch an anderen Stellen steckt Geheimnisvolles: in der Erde. Dort finden beim tiefen Ackern die Leute uralte, ganz grün gewordene Münzen und dort hat Großpapa den herrlichen Ring aus purstem roten Gold gefunden, der den Namen eines großen Königs trägt, und vielleicht gewaltigen Zauber in den unentzifferbaren Runen an seiner Innenseite birgt. Auch die kleine erzene Figur des Gottes mit den zwei Gesichtern, die jetzt auf Papas Schreibtisch steht, ist aus den Feldern zum Vorschein gekommen. Sie ist mir nicht ganz geheuer. Und neben dem einen Meierhof haben Arbeiter tief in der Erde einen Block, mächtig wie ein Altar, ausgegraben, der aus einzelnen Steinen und Mörtel so undurchdringlich gefügt ist wie ein Fels. Kein Werkzeug hat ihn brechen können. Vielleicht steckt darin ein verborgener Schatz oder es ist das steinerne Grab eines uralten Königs, dessen Name längst niemand mehr weiß, der vor vielen tausend Jahren schon über die Felder geherrscht hat, durch die wir heute noch fahren.

Die Eisenbahn

Durch die großen unerforschlichen Eichenwälder, die unsere Heimat im Süden umgeben, schnauft und prustet unsere kleine Waldeisenbahn. Sie ist wie ein großes Spielzeug mit ihren zierlichen hellbraunen Holzwaggons und der winzigen Lokomotive, deren Schornstein wie ein Trichter aussieht und den Rauch und Dampf mit langen Pausen und großer Anstrengung ausstößt. Der Waggon, in dem wir fahren, ist sonderbar dadurch, daß er einen einzigen eleganten Saal bildet und die Bänke an den Wänden herumlaufen, so daß man in der Mitte spazierengehen und nach beiden Seiten gleichzeitig aus den großen Fenstern sehen kann. Und da die Bahn nicht auf einer Böschung fährt, sondern oft ganz am Waldboden, ist man von Grün umgeben. Zwei Stunden lang arbeitet sie sich durch den unermeßlichen Wald, dessen Riesenbäume den Pfad der Bahn hoch oben wie eine Galerie überwölben. Manchmal rücken die Stämme ganz nah heran, dann weichen sie wieder zurück, Buschwerk und mitunter ein veritabler »jungle« schließen die Aussicht zu, dann sieht man durch die Stämme hindurch feuchte Wiesen, Schilf und Rohr. Kleine Stationen, neben denen riesige Sonnenblumen wachsen, tauchen ganz verschlungen vom Wald auf, wir halten und lassen sie wieder zurück. Ununterbrochen ist um uns das grünliche Dämmern und wunderbar hallt in den weiten Räumen des Urwalds der starke Pfiff der Lokomotive. Auf den Stationen kann man ein paar Minuten lang seltsame Gestalten sehen: Holzfäller mit ihren großen Äxten, die Beine umwickelt mit den weißen Binden der Schokazen, oder einen Jäger mit Hunden oder einem erlegten Wild. Manchmal treten aus dem Walde die Tiere ganz nah heran an die Bahn: Fasane laufen durch das hohe Gras, ein Raubvogel fliegt auf, Rehe äsen im Jungholz, oder wir sehen gar einen Augenblick lang den mächtigen Hirsch, der furchtlos dem Zug nachsieht. Voll gutem Geheimnis ist der Wald, schöner als jeder, den ich später gesehen habe, und die Fahrt durch die Wälder Indiens, aus denen die Jagdtrophäen im gräflichen Schlosse stammen, kann nicht schöner sein. Kerzengerade wie die Pfeiler von Domen steigen die Stämme der Riesenbäume auf und ihr heimliches Rauschen ist in unserm Waggon, in dem es angenehm nach dem Lederzeug der Koffer und dem Holzrauch der Lokomotive riecht. Nur zweimal im Jahr durchfahren wir den großen Wald ganz: Auf dem Weg in die Ferien, wenn er voll ist von allen Erwartungen und Freuden der langen freien Tage, und auf dem Weg zurück, wenn die Blätter schon rot zu werden beginnen, unter einem kühlen bedeckten Himmel die Vogelbeeren und roten Blumen stärker leuchten, das Hallen der Pfiffe lauter geworden ist, wenn auf der Plattform die Herbstluft beißt und wir uns auf die gemütlichen Zimmer zu Hause freuen, auf unser Haus, auf Flocki, die Pferde und auf Janosch, eingewickelt in die schöne dicke dunkelrote Wagendecke oder in den schottischen Plaid.

Diese Fahrt, auf der wir alle zusammen sind, Mama und Papa, mein Bruder und irgendeines der Fräulein, sollte nie aufhören! Der Wald gehört noch ganz zu uns: Solange man noch in ihm ist und in dem Augenblick, wo man die kleine Bahn wieder besteigt, ist man zu Hause und erst in N., wo wir auf den Personenzug umsteigen, endet unser Reich.

Der Zug, den wir jetzt besteigen, ist in unseren Augen

etwas Minderes. Er hat nicht die Zierlichkeit und die Elegance der Waldbahn und nicht das Imponierende des Schnellzuges. Er ist ein rußiger, schmutziger, ganz gewöhnlicher Personenzug mit häßlichen kurzen Waggons und engen Abteilen und die Station, auf der wir unsern großen Schnellzug erwarten müssen, ist öd, die Wartesäle leer, langweilig und muffig wie Schulzimmer. Wir balancieren auf den Schienen auf und ab und betrachten die großen Plakate, die Langeweile dieses Wartens erhöht noch den Reiz der kommenden Fahrt. Das einzig Schöne auf dieser Strecke ist die große Eisenbahnbrücke über die Drau. Ein taktmäßiges eisernes Schlagen umgibt uns, wenn wir langsam darüberfahren. Ihre Konstruktion ganz aus riesigen Eisenstükken, auf Pfeilern, die in rätselhafter Weise unter dem Wasser des Flusses gebaut werden konnten, ist aufregend kühn und mit nichts zu vergleichen. Zwischen den eisernen Schwellen sieht man hinunter in das Wasser. Auf dieser Brücke hat sich einmal einer um einer Wette willen hingelegt und einen Schnellzug über sich drüberfahren lassen, ein Beispiel höchster Vermessenheit. Unterhalb der Brücke liegen, wie sonderbare Lebewesen, sechs Schiffmühlen vertäut im Strom und drehen beständig ihre tropfenden Schaufeln; die weißbestäubten Gestalten, die man über schmalen schwankenden Brettern hier ein- und ausgehen sieht, haben, obwohl ich gut weiß, daß es Müller sind, etwas Verdächtiges und Unheimliches; und ich verstehe, daß Mama sich einmal in Karlsbad in einer Oper, in der ein Geizhals sein Gesicht mit Mehl beschmierte – warum weiß ich nicht mehr – zum großen Widerwillen von Großpapa hinter der Logenbrüstung versteckte. Das Schönste aber ist der Blick nach Westen, wenn gerade die Sonne in den Fluß taucht, dann scheint ihr Gold sich in dem mächtigen Strom aufzulösen, der weit aus dem »goldenen

Westen« hergeflossen kommt, aus den großen Gebirgen, von denen man nichts sehen kann. Er ist unser Mississippi, der »Old man river«, und wenn man ihm folgen könnte, würde man in ungeahnte Länder kommen, deren Schimmer den Fluß noch erfüllt, während schon die Trauer des Abends über der untergehenden Sonne hängt. Ich weiß nicht warum, aber es ist ein beruhigendes Gefühl, die Sonne, deren Untergang immer schmerzlich ist, in ein großes Wasser hinabtauchen zu sehen, am besten – das Glück der atlantischen Völker – in den heiligen Ozean.

Ein leiser Widerschein ist noch in dem blassen staubigen Himmel über unserer Bahnstation, wenn wir von Ferne das Dröhnen des großen Zuges hören. Die Erde zittert, wenn die schwere Lokomotive mit glühenden roten Lichtern einfährt und ihr Sturmwind unsere Mützen packt. Nur ganz kurz hält hier der große Zug: Er hat es eilig, in die Nacht weiterzubrausen, der er verwandt ist, rasch müssen unsere vielen Gepäckstücke in den Waggon geworfen werden, in ständiger Angst, daß eines oder einer von uns zurückbleibt. Aber in dieser Aufregung ist etwas Herrliches: Wenn der Stationsvorstand seine kleine Trompete bläst und der eiserne Koloß der Lokomotive mit einem tiefen Laut darauf antwortet, wenn die Türen zugeschlagen werden, die Kolben anzuziehen beginnen und weiße Dampfwolken die roten und grünen Lichter verschlukken, dann erst beginnt für mich die »große« Reise. Dann stehe ich, während Mama die herausgezogenen Polstersitze des Coupés mit mitgebrachten Leintüchern, Dekken und Polstern in ein fahrendes Schlafzimmer hinter den zugezogenen blauen Vorhängen verwandelt, allein draußen auf dem weichen Laufteppich des Ganges und schaue auf den stampfenden und sich wiegenden Waggon beim Klopfen der Schienen, hinaus durch die Fenster in die Nacht, in der kleine Stationen, die unser Zug mißachtet, an uns vorüberwehen, Häuser, in denen immer Leute wohnen, deren Gesicht wir jetzt und nie wieder einen Augenblick lang sehen, aus der Akazien zu uns hereinduften und der Funkenregen der Lokomotive herunterfällt. Alles enthält eine solche Reisenacht, alle Wünsche, Sehnsucht, unbestimmte Ziele und Bangigkeit, das Dunkel und in seinem Mantel die ganze offene Welt.

> Denn er hing an solchen Reisenächten
> Anders als an jeder Liebesnacht,
> Wunderbare hatte er durchwacht,
> Die mit starken Sternen überzogen
> Weite Fernen auseinanderbogen
> Und sich wandelten wie eine Schlacht...

Alles ist in diesem Gedicht, fast alles, was auch der Achtjährige schon fühlen konnte.

Später gewöhnt man sich an das Reisen und die Welt ist nicht mehr so unbekannt. Aber nach vielen Jahren – in denen der Zauber einer Nacht am Eisenbahnfenster mich nur mehr gestreift hatte, ohne mich ganz zu durchdringen – ist mir die Reisenacht Rilkes und meiner Kindheit noch einmal leibhaftig begegnet.

Mein Zug fährt nach Norden, die Dalmatinische Küste entlang, nach Hause. Er steigt am Hang der kahlen Bergkette empor, schon in voller Dunkelheit, und durch die offenen Fenster wehen sonderbare, herbe, fremde und doch vertraute Düfte von Land und Meer aus der Spätsommernacht herein. In der Dunkelheit unten muß das Meer liegen, drüben mit uns nach Norden laufend die Küste des zierlichen Italien: Brindisi, Rimini, Venedig und Duino. Und plötzlich, während die Sterne immer größer und mehr werden und man nichts mehr unterscheiden kann, das Land nur noch an seinem Dufte fühlt, sehe ich weit draußen und doch erreichbar nah im westlichen Dunkel Reihen von Lichtern. Ich glaube die Lichter der Städte Italiens sehen zu können, die dort vorüberziehen und sich mit den Sternen des Horizontes vermengen.

Und während der Zug im Dunkeln weiterfährt an allem Bleibenden vorüber und mein Herz etwas sucht, das es nicht finden kann, neigt es sich in der Nacht hinüber zu diesen Lichtern und fühlt etwas Heimliches und Geborgenes, als führte es im leeren Coupé hinter mir Mama und Papa mit sich, wie damals, und brauchte sich nur umzudrehen, um die Heimat wiederzuhaben.

Das Haus der Gäste

Im Hause von Mamas Papa gibt es immer Gäste. Wer hier vorbeifährt, bleibt ein paar Tage, aus denen manchmal Wochen werden. Herren, die die Fabrik besichtigen, kommen aus der Stadt, Nachbarn von ihren Gütern, Offiziere reiten von der nicht weit gelegenen Festung herüber, der Herr Pfarrer und der Herr Doktor erscheinen zu einem kleinen Gespräch und bleiben, wenn es lustig ist, bis in die Nacht. Und die alten Gäste bringen wieder neue Gäste mit, so daß die Kette nie abreißt. Mama sagt, daß es früher, in der guten alten Zeit, als sie und ihre Schwester und ihre Brüder noch jung waren, noch viel lustiger war und daß es damals noch viel mehr Gäste gegeben hat, aber das kann ich mir eigentlich gar nicht vorstellen. Der lange Tisch in dem ersten großen Saal, gleich neben der Küche, wo an den Wänden die Jagdgewehre und an einem großen Gestell viele Hüte und Regenmäntel hängen, ist immer für viele Personen gedeckt und meistens für einige mehr als da sind, damit die Gäste, die unerwartet ankommen, gleich ihren Teller und ihr Besteck haben und mitessen können.

Es ist auch kein Wunder, daß so viele Leute hierher kommen, denn was gibt es hier nicht alles zu sehen. Schon der große Schornstein der Fabrik, der viel höher ist als alle Häuser sogar in der großen Stadt, ist ein wirkliches Weltwunder. Man kann, wenn er nicht raucht, auf eisernen Haken in seinem Inneren bis zur höchsten Spitze hinaufsteigen, aber das ist ein Gedanke wie aus einem schlimmen Traum. Und was für riesenhafte Fenster haben die gewaltigen unübersehbaren Gebäude der Fabrik. Wenn »Campagne« ist, alle Maschinen arbeiten und dröhnen, dann leuchtet die Fabrik weit durch die Nacht wie ein verzaubertes Schloß. In ihrem Inneren ist sie ein wahrer Urwald aus Eisen: eiserne Treppen und schwindelerregende Gänge hoch oben, eiserne Maschinen und Kessel, übergroße Schwungräder, die sich blitzend drehen, und stoßende Kolben. Es dampft und zischt, es riecht, wie nirgends sonst, aufregend nach heißem Stahl, Kohlenstaub und Öl, nach den Schnitzeln der Rüben und nach Sirup. An manchen Stellen ist es auch so heiß wie im Urwald, die Arbeiter gehen dort mit nackten Oberkörpern herum wie die Schmiede Vulkans in meinem Sagenbuch. Und alle diese Maschinen machen Zucker, nichts als Zucker. Zu ganzen Gebirgen häuft sich in den weiten Hallen der Magazine der gelbbraune Rohzucker, weiße Zuckerwürfel fallen ununterbrochen aus der Maschine und in einem anderen Stockwerk des Magazins türmen sich mit schneeiger Spitze aus dem graublauen Papier hervorragend – wie die Berge auf den Briefmarken von Nicaragua – die fertigen Zuckerhüte.

Aber das ist noch nicht alles. In den Fabrikshof herein führen Geleise der großen Eisenbahn, hier werden die Waggons für die ganze Welt beladen. Sie werden von schwarzen Büffeln geschleppt, deren gesenktem Kopf und wiegendem Gang man es ansieht, wie wild und stark sie sind. Im Winter dampfen sie wie die großen Teiche, in denen sich der Schlamm aus dem Werk sammelt. Die Tore werden bewacht von Soldaten in dunkelgrüner Uniform, die Finanzer heißen und darauf aufpassen, daß keiner etwas vom Zucker mitnimmt. Sie machen mir Respekt: Denn sogar unseren

Wagen dürfen sie anhalten und unter den Decken nachschauen, ob nichts versteckt ist.

Wenn man in den kühlen Betten des Fremdenzimmers aufwacht, (unter dem gemütlichen Bild, auf dem ein Schlitten von Wölfen überfallen wird), dann hört man aus dem Fabrikshof manchen interessanten Lärm und aus dem Frühstückszimmer das angenehm ermunternde Geräusch vieler lustiger Stimmen, darunter auch solche, die gestern abend noch nicht da waren, und das Klappern von Schalen, Löffeln, Messern, Gabeln und Tellern. Es duftet durch die aufgehende Türe nach heißem Kaffee, Eiern und Schinken und macht Lust, rasch aufzustehen und auch mitzutun. Im Fremdenzimmer ist es eine Lust, zu Gaste zu sein. Alles Alltägliche erscheint hier neu und ganz anders: Die Hähne unter den Fenstern krähen kräftiger, die Hühner scharren eifriger, die vorbeifahrenden Leiterwagen auf der Landstraße hinter den Jasminbüschen rasseln interessanter. Die Seife duftet elegant, das Handtuch hat eine wunderbare weiche Rauhheit, die süßlich schmeckende Zahnpaste schäumt rosa und sogar das Wasser ist hier weicher.

Das Haus selbst ist ganz für die Gäste erfunden. Durch seine Mitte gehen der Länge nach drei große Säle. Im ersten wird gefrühstückt und an Wochentagen gegessen, daran stoßen Küche, Keller und Speisekammern. Im zweiten, wo es so dämmrig ist, daß oft Kerzen oder Lampen angezündet werden müssen (denn im Haus ist noch kein elektrisches Licht eingeleitet), ißt man nur an Sonn- und Feiertagen. Im dritten, das mit vielen eigenartigen Möbeln und Dingen gefüllt ist und wo am Rauchtisch in feinen Kistchen ausländische Zigarren, die prachtvolle Ringe um ihre Bäuche tragen, duften, zieht man sich an Feiertagen nach dem Essen zurück, um an kleinen Tischen Kaffee zu trinken, zu plaudern, Patience zu legen oder Domino, Langer Puff und Karten zu spielen. Auf diese Säle, die nur durch Glaswände voneinander getrennt sind, öffnen sich alle anderen Zimmer des Hauses. Den ganzen Tag ist fast immer ein Tisch gedeckt.

Schon ganz zeitig in der Früh sitzen Großpapa, Onkel und Tante beim Frühstück, später treffen sich hier die Gäste, kommen und gehen wie es ihnen paßt. Wer zu tun hat, geht fort, kommt wieder und setzt sich zu den anderen, das zweite Frühstück geht in ein Gabelfrühstück über und nach dem Mittagessen, das oft ganz einfach ist – nur drei oder vier Gänge – bleiben einzelne Gäste noch lange sitzen. Im Sommer trinkt man den Kaffee im Freien, vielleicht neben der Kegelbahn, wo es immer lustig zugeht. Oder man fährt mit mehreren leichten Wagen in den kleinen Fluß baden, der Conco heißt, veranstaltet ein Picknick in dem kleinen Akazienwäldchen mit der Aussicht auf den Strom, kutschiert in die Weinberge, um Marillen zu pflücken, oder zur Jause auf einen der Gutshöfe in der Nachbarschaft oder zum Konditor in die Stadt. Im Winter läuft man auf den zugefrorenen Schlammteichen Eis, besucht an Festtagen im Schlitten die Kirche und reihum die Gutsnachbarn, um gegenseitig die Geschenke zu bewundern und sich mit festtäglichen Leckerbissen und Tropfen bewirten zu lassen. Besonders spannend ist es, wenn es irgendwo im Ort brennt, wenn ein Bauer im Winter seinen Ofen überheizt oder im Sommer die glühende Sonne eine ausgedörrte Strohtriste angezündet hat. Dann setzt sich mein Onkel, der der Kommandant der Feuerwehr ist, seinen majestätischen Helm aus Messing auf, der rückwärts eine rote Raupe hat wie der Helm des Achill in den griechischen Heldensagen, schnallt um seinen respekteinflößenden Bauch einen Gurt mit der Feuerhacke, und mit großem Gerassel und

»Feu-er«, »Feu-er«-Geblase, daß es einem kalt über den Rücken hinunterläuft, galoppieren die Spritze und der Leiterwagen mit Feuerwehrleuten beladen zur Brandstätte, die man in der Ferne fürchterlich qualmen sieht, und wir lassen geschwind Wagen anspannen und fahren ihnen nach, um den kühnen Taten meines Onkels zuzusehen. Aber meistens ist, bis wir ankommen, der Brand schon gelöscht.

Nirgends fühlt man sich so sicher und geborgen wie im Hause meines Großpapas. Die Feuerwehr haben wir selbst in der Fabrik und brauchen uns vor dem Schrekken der Dörfer, der Feuersbrunst, nicht zu fürchten. Die gefährlichen Maschinen sind gut bewacht, damit nichts geschehen kann. Der ganze riesige Fabrikshof, in dem auch das gar nicht schöne, gedrungene, aber so gemütliche Haus liegt, ist von einer hohen Palisade umgeben, über die oben noch vier Reihen Stacheldraht gezogen sind, die beiden Tore werden Tag und Nacht von den Finanzern bewacht, und durch alle Gebäude und Winkel der Anlage streifen die Nachtwächter. Aber obendrein ist der ganze Hof auch in der Nacht hell beleuchtet von den Bogenlampen auf ihren turmhohen Masten, deren Licht viel heller ist als das des hellsten Mondes. Es ist das »elektrische« Licht, das große Maschinen in der Fabrik fabrizieren, die man die ganze Nacht leise und beruhigend in ihren Mauern brummen hört. Nein, hier braucht man keine Angst vor Geistern und Spuk, vor Zigeunern und Räubern zu haben.

Und weil es hier nie so ganz Nacht wird wie bei uns zu Hause, gehen wir besonders ungern schlafen. Denn jetzt am Abend wird es erst recht lustig. Meinem anstekkend gut aufgelegten Vetter fallen allerhand Streiche und Überraschungen ein: Er zaubert, verkleidet sich, zerbeißt Gläser, singt lächerliche Lieder, die man »Couplets« nennt, und tanzt mit dem Girardi am Kopf neue komisch zappelnde und klappernde Tänze. Und wenn wir schon im Bett liegen, kommen die Zigeuner und fangen an, ihre Instrumente zu stimmen. Jetzt geht ein großes Tanzen und Lachen und Gläserklingen los. Und wenn wir süß ermattet von den Lustbarkeiten des Tages in den weichen frischen Leinenbezügen endlich doch in Schlummer sinken, weckt einen noch einmal ein lustiges Triumphgeschrei: ein neuer Gast ist angekommen.

In der großen Stadt

Fragmente dessen, was das Herz erschaut
sind unsere Städte nur, ein schwacher Schein,
das große Babylon ist nur ein Scherz
will es im Ernst so groß und maßlos sein
wie unser babylonisch Herz.   *(Thompson)*

Wenn man eines Morgens aufwacht, ohne noch zu wissen, wo man ist, sickern durch die leichten Bretter des Rouleaus fremde Geräusche an mein Ohr und mein übergroßes Bett und das ganze Zimmer, in dem es ungewohnt nach fremdartigen Hölzern duftet, füllt sich langsam mit dem Lärm der großen Stadt wie eine camera obscura mit Bildern. Sich durchkreuzende Takte von Pferdehufen spiegeln das Traben eines »Gummiradlers«, der zu seinem Standplatz fährt, ein ohrenzerreißendes Dröhnen auf dem Pflaster das Abladen von Milchkannen, ein singendes Kreischen das Einbiegen einer Elektrischen, ein schweres eisernes Rollen das Öffnen der Geschäfte, ein Gurren von Tauben die rußigen Gesimse und steinernen verzierten Dachluken der großen Häuser, auf denen sie nisten. Das ganze Erwachen der Stadt erblickt man, während nebenan Papa noch schläft, durch das Ohr. Aber hinter allen einzelnen Geräuschen steht, wie eine ferne Brandung, ein gedämpftes beständig ansteigendes Tosen: der unverkennbare Laut des steinernen Meeres der Großstadt.

Leise gehe ich im Nachthemd ans Fenster. Es ist ein sonderbares, reizvoll neues Gefühl, mit leichtem Schwindel so viele Stockwerke hinunterzublicken in die Schlucht der Straße, die noch ganz im Morgenschatten liegt, und gleichsam von der fremden Stadt Besitz zu ergreifen: Unten die Menschen und Wagen klein wie Liliputaner zu sehen und rings überall, wohin man blickt, die Kolosse gewaltiger vielstöckiger Häuser, großartig und reich verziert mit vielen Balkonen und steingerahmten Fenstern, überall Steine und Steine. Ich schaue hinüber in die Ausschnitte fremder Wohnungen, wo Leute mit blassen Gesichtern sich bewegen, die Zähne putzen, frühstücken oder das Wetter betrachten, ohne zu wissen, daß ich ihnen dabei zusehe, und ich komme mir vor wie der Teufel, der die Dächer aufheben und überall hineinschauen konnte.

In den Hotelgängen riecht es schon nach Kaffee und heißen Semmeln. Die Gänge sind mit dicken roten Läufern belegt, auf denen man so lautlos gehen kann wie ein Geist, und sie verzweigen sich aus dem Dunkeln ins Helle und aus dem Hellen wieder ins Dunkle, ein paar Stufen hinauf, ein paar Stufen hinab, nach allen Seiten – wie ein Irrgarten. Man muß sich die Ziffer auf dem kleinen Schild der Zimmertüre gut merken, um wieder in das Zimmer zurückzufinden. Türen gehen auf und fremde Damen duften verwirrend an einem vorüber. Es rauscht in unsichtbaren Grotten. Auf der Stiege putzen Angestellte des Hotels in grünen Tuchschürzen und gestreiften Ärmelwesten, wie Jockeys, das messingene Geländer, obwohl es ohnehin schon ganz glänzend ist. Uns aber führt die Zauberschachtel des Lifts in schwindelnder Fahrt durch Boden und Decke der Stockwerke und entläßt uns mit einem leicht schwankenden Gefühl in Knien und Magengrube.

Die meisten Geschäfte erwachen jetzt eben erst oder gähnen noch leer. Aber eine Stunde später, wenn wir nach dem Frühstück den Rundgang durch die Stadt beginnen, scheint sie überhaupt nur mehr aus Geschäften zu bestehen und die Trottoirs vor ihnen sind voll von sich drängenden und geschickt ausweichenden Menschen. Ihre prachtvollen Auslagen, angefüllt mit einer unübersehbaren Fülle von tausenderlei Dingen, von denen ich nicht einmal die Namen weiß, sind nicht kleine Fenster, wie in den wenigen Läden unseres Dorfes, sondern ganze durchsichtig gewordene spiegelnde Wände aus Glas, die manchmal Aufschriften aus vergoldeten Buchstaben tragen. Sie sind überschattet von breitgestreiften Sonnendächern aus Leinen – orange und weiß, oder blau und weiß –: Sie geben der Straße etwas südlich Heiteres und den Dingen in der Auslage einen schattigen Sonnenglanz, der für mich zum Inbegriff der Ferien gehört. Langsam musternd lassen wir uns unter ihnen vorübertreiben.

Wenn die Geschäfte auch um so vieles eleganter sind als bei uns am Lande, so ist das Spielzeug, das ich hier sehe, doch lange nicht so schön wie das, das ich zu Hause zu Weihnachten oder zum Geburtstag bekommen habe. Aber dafür wachen andere Wünsche auf. Unerfüllbar – ich weiß es – und reizend gerade in seiner Unerfüllbarkeit ist vor allem einer, den ich nicht auszusprechen wage: ein wirkliches Gewehr. Spielzeuggewehre habe ich vorzügliche: eines, das repetierend 25 Nickelkugeln abfeuert und ein anderes, das seine mit Haarbüscheln gefiederten Bolzen mit solcher Kraft abschießt, daß man damit auf zwanzig Schritt einen Spatzen treffen kann. Aber das schlechthin Unerreichbare ist eine englische »rifle« mit ihrem unbeschreiblich eleganten, netzförmig geriefelten Schaft aus feinem Holz, der sich der Wange glatt anschmiegt, und ihrem kühlen, matt polierten Lauf. Oder der gedrungene Karabiner für sechs Schüsse, dem man seine Bärenkraft schon an der Art ansieht, wie er den Lauf ins Holz zurückzieht. Das Beste an eines Mannes Besitz sind eben die Gewehre und die Sättel. Später werden dazu die Pfeifen, Zigarettendosen und Spazierstöcke kommen. Jetzt sind es noch die Taschenmesser und Taschenuhren aus Nickel, die eben jetzt, »in meiner Zeit«, viel flacher geworden sind als die schöne goldene Uhr, die Papa immer trägt. Und ganz unverziert, ohne Muster und Gravierungen, was mir besonders gefällt, bestechend nur durch ihre Linie. Ohne es zu wissen, befolge ich mit meinen acht Jahren damit den Geschmack, den in denselben Jahren ein Mann der Welt predigt, von dem ich nichts weiß. Er heißt Adolf Loos.

Hier in diesen Auslagen mit den Flinten – zu denen die großen Wälder und die Jagdwagen daheim gehören – fühle ich mich gleichsam zu Hause und vertraut. Aber sonst überall gibt es ungeheuer Befremdendes und Verwirrendes in der Stadt. Merkwürdig sind schon in der Halle unseres Hotels die großen Mohren aus Gips, die auf den Stiegengeländern stehen. Sie machen – obwohl sie sicherlich das sind, was Papa »scheußlich schön« nennt – einen starken Eindruck auf mich, wie die Palmen in den Kübeln unter dem Glasdach des Hotelrestaurants. Sehr eindrucksvoll ist es auch, daß man in unserem Zimmer durch eine Muschel an der Wand ferne Musik aus der *Oper* hören kann. Das Verwirrendste aber sind die Straßen und Wege der Stadt: ein nie zu erfassendes Labyrinth. An manchen Stellen gehen ganze Gassen von Geschäften quer durch die Häuser hindurch, wie hohe luftige Tunnels, dann wieder führt ein breiter Tunnel – hellerleuchtet und kühl – für Wagen aller Art mitten durch einen Berg. Lifts heben uns in Geschäften durch leere Räume schwindelerregend hoch hinauf oder wir steigen tief in die Erde hinab, wo durch gekachelte lauwarme Stollen mit sausendem Wind die Untergrundbahn fährt – wie in einem der Romane von Jules Verne. Eine Zahnradbahn mit treppenförmig gebauten kleinen Kasten als Waggons zieht uns an einem einzigen Seil, das jeden Augenblick reißen kann, so steil hinauf, daß es schwer ist, den Schwindel zu bezähmen, und läßt uns von oben auf eine unabsehbare Unordnung von Häusern, Höfen, Gassen, Schienen und Schornsteinen sehen – wie auf ein durcheinandergeworfenes Riesenspielzeug.

Das Schönste aber sind mir die riesigen Brücken über den mächtigen, von mancherlei Fahrzeugen belebten Strom. Mit unvorstellbarer Kühnheit spannen sie ihre Bogen fast ohne Stützen, weit und flach, über das schimmernde Wasser. Die großartigste unter ihnen – sie gehört für mich mit dem gigantischen Vogel aus Gußeisen, den man vom Zug aus auf einem waldigen Berg hocken sieht und der so groß ist, daß sich in seinem Kopf eine Aussichtswarte befindet, zu den wirklichen Weltwundern – trägt ihre breite Fahr- und Gehbahn, mit zwei gewaltigen Ketten aufgehängt an majestätischen Pfeilern: Halb Festungstürme, halb Tore und so hoch, daß sie, alle Häuser weit überragend, in den Nebelhimmel zu wachsen scheinen wie *zwei* Babeltürme, wenn wir auf dem kleinen Dampffährboot unter der Brücke durchfahrend – den Kopf im Genick – dieses Denkmal des stolzen Menschengeistes bewundern.

Aber aus dem vielen Anschauen und Bestaunen steigt eine betäubende Ermattung. Nach Tisch befällt mich – wie nie zu Hause – ein bleierner Schlaf, durch den zahllose Räder rollen, und wenn ich aufwache, beginnt es schon dunkel zu werden. Papa ist ausgegangen und aus den Winkeln des Hotelzimmers kommt die Ödigkeit. Einige Zeit lang versuche ich sie mit dem Geduldspiel zu bannen, das Papa mir gekauft hat, und bei dem es darauf ankommt, durch die verwickelten Windungen eines kreisförmigen Labyrinths unter Glas eine voreilig dem Willen immer wieder entgleitende Kugel in das Ziel der Mitte zu dirigieren. Aber die Ödigkeit wächst. Ich gehe ans Fenster: Verwandelt ist das Gesicht der Stadt. Die Gebäude, am Morgen so schön und prächtig, sehen in der Dämmerung düster und häßlich aus, schwarz ihre rauchgefärbten scheckigen Wände; in den Scheiben ihrer Fenster liegt ein blinder Schein. Aus den grauen Gassen, die nach allen Seiten in öde Leere zu laufen scheinen, kommt herzbeklemmende Verlassenheit. Aber da rettet mich vor dem Gefühl der Verlorenheit das Vorbild meines neuesten Helden: »Sherlock Holmes«. Hat er – ein Ritter ohne Furcht und Tadel – nicht in einer solchen ungeheuer unheimlichen Stadt sein Heim und seine Jagdgründe? Und indem ich – mag ich auch nur sein bescheidener Dr. Watson sein – seine Gestalt beschwöre, beginnt die Stadt, die ich sehe, sich in sein gewaltiges »London« zu verwandeln. Spähend schaue ich, gedeckt hinter dem Vorhang, hinaus, ob ich nicht drüben in dem dunklen Fenster oder unter den vielen Leuten auf der Straße, in einer Maske sich verbergend, den Dr. Moriarty entdecken und seine tückischen Pläne durchkreuzen kann. In dem nieselnden Nebelregen glühen jetzt die Lichter der Stadt wie unzählige Katzenaugen, die phantastischen Linien der Schornsteine weisen auf tausend Geheimnisse, die es mit Mut und Klugheit zu enträtseln gilt. Und indem ich mich meinem Meister und Führer anvertraue – von dem mir die kleinen orangefarbenen Hefte die erste Kunde brachten – tönt mir der abendliche Lärm der Stadt interessant und frisch wie eine düstere Ballade, und der Geruch der rußigen Nebelluft erweckt starke Lust nach gefährlichen und ruhmverheißenden Abenteuern.

Reise ans Ende der Welt

Das großartigste Gebäude der Stadt ist der große Bahnhof. Alles ist hier voll von Unbekanntem und Fernem. Er ist wie ein Tempel des Reisens und eine Vorhalle zu den Ferien, und wenn man seine unübersehbaren Räume durchschritten hat, dann ist es gewiß: die Ferien, die eigentlichen Ferien sind da. Sie sind in dem eigentümlichen Geruch des Rauchs, der einen schon vor dem Bahnhof umhüllt. Obwohl es kein »guter« Geruch ist und sich manchmal zu einem atembeklemmenden Steinkohlengestank steigern kann, in dem etwas von den Schwefeldüften der Märchen-Hölle ist, gehört er für mich zu den Gerüchen, die einem mit leicht schmerzlicher Erregung ziehend ans Herz greifen, und noch heute kann ich ihn nicht riechen, ohne eine plötzliche Sehnsucht nach einer großen Reise – irgendwohin, nur weit, weit, »au pays qui te ressemble« – zu spüren. Leider hat er sich seither sehr geändert und nur selten, am öftesten in Frankreich, wo alles so unverändert geblieben ist, hat er die Farbe meiner Kindheit, nach der ich suche wie ein alter Raucher nach einer Sorte Tabak, die es heute nicht mehr gibt. In ihm ist das Fahren weiter Züge, die Lichter der Stationen, das Dröhnen eiserner Brücken und Viadukte über Strömen und Tälern, die Schneegipfel und die Ebenen im Rahmen eines Waggonfensters: die *weite* Welt.

Alles ist hier am großen Bahnhof durch ein strenges Zeremoniell geregelt. Hier kann man nicht einfach in den Wagen steigen, der auf einen Ruf Papas davonrollt, sondern Stufe um Stufe unter mancherlei Aufregungen und tiefem Erschrecken muß man sich das Glück erkämpfen, das sich beim ersten unmerklichen Anfahren des Zuges beruhigend durch alle Adern gießt. Schon draußen vor der großen Schalterhalle, die von einem hallenden Lärm von vielerlei Schritten und Rufen erfüllt ist und mehr als jeder andere Raum den Namen »Halle« verdient, übergeben wir unser »kleines« Gepäck dem Träger in blauweiß geschnürter Jacke mit dem Messingschild. Seine Nummer zu vergessen oder ihn am Perron nicht zu finden, kann arges Unheil bedeuten. Wir folgen ihm in den großen Raum, wo von anderen Trägern unser »großes« Gepäck umständlich gewogen wird, wo inmitten eines stimmungsvollen Durcheinanders Reisekörbe, schwere Koffer und Kisten aus allen Ländern sich zusammenfinden, »ships that pass in the night«.

Aber die große Fahrkartenhalle! Hoch wie die Häuser der Stadt, erscheint sie mir wie einer jener großen, glasüberdachten Höfe inmitten eines Häuserblocks, in den man sich unvermutet versetzt sieht, wenn man eine der Galerien oder »Passagen« durchschritten hat – nur unvergleichlich größer und imposanter. An drei Seiten umgeben sie ihre ragenden Wände wie Palastfassaden, winzig erscheinen die Menschen, die am Fuße einer solchen Wand vor kleinen beleuchteten Fenstern sich die Karten für die große Fahrt lösen. Durch ihre vierte Wand ahnt man im gedämpften Dröhnen und Zittern, im Schlagen ferner Läutwerke die große Abfahrtshalle. Hier aber in der Kartenhalle ist kein Verweilen. Das Fieber des Reisens liegt in ihr, ein anderes Tempo, das sich allen mitteilt. Wenn endlich die Fahrkarte gesichert ist, dürfen wir die feierliche Freitreppe emporschreiten, die sich am halben Laufe in der Mitte teilt. Es hat für mich etwas Geheimnisvolles und Erhebendes, daß hier am großen Fernbahnhof die Züge nicht zu ebener Erde abfahren wie bei uns zu Hause, sondern hoch oben im »ersten Stock« über den Häusern der Stadt.

In der Abfahrtshalle herrscht nicht mehr das Geräusch der Menschen, sondern der Züge. Das Zischen des ausströmenden Dampfes, der plötzlich wie ein Nebel alles verhüllt, das Stoßen und Stampfen der verhalten einfahrenden Züge, das Klingeln der Läutwerke, die Trompeten der Schaffner und zahllose andere Geräusche erfüllen mich mit derselben geheimen Erregung, die später das Stimmen der Instrumente in einem Orchester, ehe das Stück beginnt, für mich haben wird. Zwischen der Helligkeit, die von den Bogenlampen, den erleuchteten Fenstern der Züge, von den vielen Läden mit Büchern, Zeitungen, Schinkensemmeln, Trauben, Birnen, Schokolade und Milch ein seltsames Zwielicht verbreitet, öffnet sich vor uns wie ein riesiges dunkelblaues Tor die Halle in die Nacht. Es ist ganz einfach das Tor der Welt. Von hier fahren alle diese Züge hinaus, überallhin, in alle Welt, nach Paris, London, wohl auch nach New York (Nujork). Hier stehen sie noch alle nebeneinander wie die Pferde in einem Stall, aber schon draußen teilen sich die Weichen und laufen nach allen Himmelsrichtungen auseinander. Wenn man aus Versehen in den Nachbarzug steigen würde, so könnte es einem passieren, daß man statt in N. in Philadelphia aufwacht. Insgeheim wünsche ich – obwohl Papa dann neue Karten lösen müßte – es möchte einmal so etwas geschehen. Aber leider hält der Zug zwischendurch und wenn man in einen falschen gestiegen ist, dann steigt man aus und muß in einer öden Station warten und zurückfahren.

So ein großer Fernzug ist das Schönste, was es gibt. Seine langen dunkelblauen Waggons auf acht Achsen, die feine mattgelbe Aufschriften mit angenehmen Buchstaben tragen, werden vielleicht nur noch übertroffen von den Schlaf- und Speisewägen, deren Wände aus schmalen, im Glanze ihrer Politur schimmernden braunen Holzbrettern bestehen und die Aufschriften in aufgesetzten einzelnen messingenen Buchstaben tragen, Buchstaben, denen dieselbe Gediegenheit zu eigen ist, wie sie nur die Briefmarken der Vereinigten Staaten haben. Mit diesen Wagen ist ein Stück des »noblen« Amerika zu uns gekommen – das für mich später Onkel Theodor verkörpern wird – und in meiner damaligen Vorstellung sind diese »Sleeping Cars« identisch mit wunderbar klingenden indianischen Reisenamen: Kanada, Ontario, Saskatchewan.

Das Schönste und Gewaltigste aber ist die Lokomotive. Ihre Bewegungen, hier in der Station noch langsam und beherrscht, verraten wie bei wilden Tieren die ungeheuren Kräfte, die in ihr stecken. Aber eigentlich erinnert sie mich nicht an ein Tier, sondern an die Berge. Sie ist eine Verwandte der feuerspeienden Berge und der in mächtigen Höhlen schimmernden Kohle, und hier und da kommt es mir vor, als ob ihre Häuser nicht die zugigen Remisen der Bahnhöfe wären, in denen sie nur zu Gast ist, sondern die Tunnels, in die sie mit langhallenden Pfiffen heimkehrt, das Innere der Erde, das vielleicht wie sie ganz aus Eisen besteht.

Es ist vielleicht ein gar nicht unwesentlicher Unterschied meiner Generation zu allen jüngeren, daß wir die letzten gewesen sind (aber beinahe auch die ersten), für die der »große Zug« jene in Worten nie zu erschöpfende Anziehungskraft besessen hat, das Befeuernde und Bewegende, das heute auf die Autos übergegangen ist, die deshalb immer schöner geworden sind, während der Zug – man konnte das an der nachlassenden Liebe sehen, die seiner inneren Ausstattung gewidmet wird –

den Zenit der Begeisterung schon langsam überschritten hat.

Wenn die große Reise begonnen hat, sinkt die Stadt zurück, ihre vielen Lichter zerlösen sich in einzelne, durch das Dunkel laufende Reihen, die immer einsamer werden und zuletzt ganz zurückbleiben. Unter der Decke der Nacht fühlt man im Fahren, ohne sie zu sehen: schlafende Hügel, Flüsse und Berge; nur hie und da blinkt noch ein einsames Licht, das alles bedeuten kann.

Im Schlafwagen, in unserem »Coupé«, das so elegant aus Mahagoni, Messing und feinen Stoffen gefügt ist und in dem es nach dem frischen Leinen der Betten und dem Leder der Koffer duftet, liege ich, wenn die nachtblauen Vorhänge über das Halbrund der Lampe gezogen sind, noch lange unter der gewölbten weißen Decke, die so nahe über mir ist, wach, wenn unten Papa schon schläft, und horche auf das taktmäßig gedämpfte Stoßen der Puffer, deren Hämmern die ersehnte Musik des Reisens ist. Wenn der Zug die Fahrt vermindert oder in wenigen großen Stationen für Minuten hält, gleiten über mein Gesicht die Lichter der Stationen, wie der Mondschein in einem fremden Land. Endlich drehe ich mich zur Wand und schlafe, gewiegt von dem feinen gefederten Stampfen und Schlingern des brausenden Zuges ein.

Wenn ich erwache, sind wir schon im Gebirge. Die Lokomotive atmet schwer, zwischendurch stößt sie mit einigen hastigen Zügen den Dunst aus, man fühlt in ihrer Anstrengung das Steigen des Berges. Ihr Rauch liegt weiß und dicht vor den Fenstern des Zugs, und lange hallt ihr Pfiff von unsichtbaren Bergwänden wider. Wenn man das Fenster öffnet, weht eine starke kalte Luft herein, mit dem Geruch von Stein und Tannen, von Schneewasser und Holzrauch. Unter dem Zug, seiner Richtung entgegen, fließt ein Bach, wie es ihn nur im Gebirge gibt. Seinem Wasser sieht man es an, daß es geschmolzener Schnee aus den reinen Gletschern und Firnen ist. In kleinen Wasserfällen, die die dunkelgrünen und gelbbraunen Moospolster des Betts mit kristallenen Vorhängen überziehen – daß sie aussehen wie ein Stück Weihnachtskrippe unter einem Glassturz – fällt er über die grauen und rötlichen Steine, in denen es glänzt, als ob goldene und silberne Adern in ihnen zutagetreten. Vögel trinken aus kleinen, in rundgeschliffene Steine gewaschenen Mulden. Über hölzerne Wehre aus grauschimmerndem Holz schießt er herab und schäumt in stäubenden Wellen, in denen tausend kleine Sonnen blitzen – er wechselt die Seite des Zugs, tritt aus dem Tannenschatten mit Zyklamenduft in den heuduftenden Sonnenschein der Bergwiese und wieder zurück. Und auf einmal ist in seinem Glänzen ein unbestimmter kälterer Schein, wie ein Klumpen schmelzenden Schnees, und wenn wir mit zurückgebogenem Hals den Blick über den Rahmen des Fensters hoch hinaufheben, dann strahlt über den dunkelgrünen »reisigen« Regimentern der Tannen, die seine Flanken herabsteigen, in der Höhe das Firnfeld des großen Schnee-Berges wie ein silberner Harnisch. Und gleich darauf verschlingt ihn und uns die Höhle des Tunnels.

Dort, wo die großen Berge sind, ist für mich die Welt zu Ende; sie endet an den Bergen, am Meer und an der Wüste. In diesen Regionen wohnen die stärksten Menschen: die Holzknechte, die Seeleute und das Wüstenvolk. Hier hausen die sonderbarsten Wesen. Zu den Bergen gehört, wie die Seeschlange zum Meer, der Salamander, der nicht verbrennen kann, und der Tatzelwurm. Von ihrer Existenz bin ich noch heute fest überzeugt, denn es muß Stellen geben, wo man das Geheimnis, das früher überall sichtbar war, wenigstens manchmal noch *sehen* kann. Im Meer wohnen die

Meerfrauen und in den Bergen die *wirklichen* Zwerge, nicht die jämmerlichen Mißgeburten des Zirkus. Im Inneren der Berge und der Meere ist eine dritte Welt: die unterirdische. Sie macht mir bange und ich liebe die Märchen nicht, die von ihr berichten. Aber ihr Pochen und Klickern glaube ich manchmal zu hören, wenn der Zug durch einen Tunnel fährt und in seinem Dunkel schaue ich – wie Kapitän Nemo aus den Luken seines Nautilus – danach aus, ob ich nicht etwas von dem Wesen und Treiben dieser unteren Welt sehen kann. Und während ich dies schreibe, fällt mir erst heute dazu ein, daß zu den Büchern, die für mich die größte Faszination auch noch heute besitzen, Jules Vernes »Zwanzigtausend Meilen unter dem Meer« und Bernhard Kellermanns »Tunnel« (den ich nicht wieder lesen will, um mich nicht zu enttäuschen) gehören. Ihn hat mir – an einem strahlenden Reisemorgen im Jahre 1912 – mein Papa am Bahnhof gekauft, und der Zauber seines Titels vermengt sich mir mit dem des Reisens in jener Zeit.

Der Berg der Berge aber ist der Untersberg. In ihm sitzt der große Kaiser Karl, mit goldener Krone auf dem Haupt und seinem Zepter in der Hand. Auf dem großen Walserfeld wurde er verzaubert und hat noch ganz seine Gestalt behalten, wie er sie auf der Welt hatte. Sein eisgrauer Bart bedeckt ihm das goldene Bruststück seiner Kleidung ganz und ist durch die steinerne Platte des Tisches gewachsen. Wenn der Bart so lang geworden ist, daß er den Fußboden berührt haben wird, wird dieser Welt letzte Zeit sein. Der Berg wird sich auftun, Kaiser Karl kommt mit seinem ganzen Heer hervor und der verdorrte Baum in der Walser Haide beginnt wieder zu blühen. Dann wird der Kaiser in sein Hifthorn stoßen, auf den Feldern von Wals kommt es zur Schlacht, die Engelsposaunen ertönen und das Ende der Welt ist angebrochen.

Animal

Wenn wir wieder zu Hause sind, ist der erste Weg in den Stall. Da stehen unsere Pferde und wiehern leise, wenn die Stalltür aufgeht. Sie sind glänzend und dick und ungeduldig, weil sie so wenig gefahren wurden. Wir inspizieren die Geschirrkammer: Da duftet es nach dem Hafer der großen Haferkiste, nach dem Leder des Riemenzeugs und dem Fett, mit dem es eingelassen wird. Auch in der Remise stehen die Wagen ausgeruht und alles ist beim alten. Jetzt, wenn die Herbstregen den Garten unbetretbar machen, kommt für uns ihre große Zeit. Da stehen die zwei leichten gelben Feldwagen und die zwei dunklen »Halbgedeckten« und der Schlitten auf Böcken, riechen nach Wagenschmiere und Leder und dem Tuch, mit dem die Sitze bezogen sind. Unter dem aufgeschlagenen Dach und in den Polstern hat sich noch etwas Sommerwärme gefangen. Da drin zu sitzen oder von einem auf den anderen umzusteigen, ist ein Spiel voll Abenteuer und Möglichkeiten. Nebenan hört man das Schnaufen, Schlagen und leise Kettenklirren der Pferde. Dort im Stall ist es wunderbar warm und geborgen. Heu und Stroh duften reinlich, der rote Ziegelboden im Mittelgang muß ganz sauber gewaschen sein und von den Leibern der Tiere geht ein starker, gepflegter Duft aus; ein bißchen Ammoniak kitzelt dazu in der Nase. Nur die Küche hat noch diese lebendige Wärme: ich stelle es mir wunderbar vor, in einem Stalle geboren zu sein und kann es gut verstehen, daß Flocki hierher kommt, wenn sie ihre Jungen zur

Welt bringen will: da hat sie es ruhig und warm. Fünf Pferde haben wir im ganzen, vier Wagenpferde und Papas Reitpferd. Sie sind alle dunkelbraun, mit glänzenden schwarzen Mähnen und Schwänzen, die mich an das Haar der Indianer erinnern. Wenn sie lichte Mähnen haben, dann heißen sie sonderbarerweise Füchse: wir hatten einmal so ein Paar. Papas Reitpferd hat einen eigenen kleinen Stall im Stall für sich, denn es ist von seinen Kameraden nicht nur durch einen aushängbaren, runden, mit Stroh umflochtenen Holzbalken geschützt, sondern auch durch eine geschweifte Holzwand. Gegenüber im sechsten Verschlag steht das beneidete Bett Joschkas, des Kutschers. Das Reitpferd heißt »Animal«; der Name erinnert mich an Hannibal, der irgendein einäugiger Riese gewesen ist, und erst später im Gymnasium habe ich erfahren, daß das ganz einfach »Tier« heißt. »Animal« ist für mich das Pferd der Pferde, es ist Papas »Bukephalus« und »Falne«. Ich darf ihn, wenn Papa unter der Einfahrt absteigt, bis in den Stall reiten. Nach ihm heißt der kleine Schemel mit den gebogenen Beinen, der mein Reitpferd war als ich noch ganz klein gewesen bin. In ihm lebt »Animal« bis heute fort und er gehört zu den besonderen Heiligtümern meiner Kindheit.

Aber irgendwie, das merke ich heute ein wenig beschämt und verwundert – denn ein Mann *sollte* Pferde lieben –, hat mir die letzte Beziehung zu Pferden doch gefehlt. Vielleicht kommt das daher, daß kein einziges meiner Märchen von einem Pferd handelt – außer dem sehr unheimlichen und traurigen von der »Falada, da Du hangest«.

Das ist ganz anders mit unserem Kater »Paudl«. Seine Existenz ist dadurch geadelt, daß er zweifellos aus der Familie stammt, deren glänzendster Vertreter der gestiefelte Kater ist, den ich über alles liebe und dessen Geschichte ich nicht oft genug hören kann. Allerdings gehört Paudl in eine verkommene Nebenlinie des Hauses, die aber ihre Liderlichkeit und Gewöhnlichkeit durch unvergleichlichen Mut und Draufgängertum vergessen machen. Sein Gesicht mit den feisten Backen, dem großen Schnurrbart und den Schmarren, sein ruppiges Fell, das beständig einige blutige Narben trägt, verraten seine Kampfnatur. Seine abenteuerliche Erscheinung ist umwittert von etwas Ähnlichem wie das Wort »Flibustier«, und seine Taten führen etwas von der Atmosphäre der drei Musketiere. Die Kartoffeläcker hinter dem Haus sind seine Jagdgründe, dort ist er der Schrecken der Feldmäuse, und die Dächer der umliegenden Bauernhäuser erzählen von seinen nächtlichen Taten. In einem Gefecht mit einer Übermacht von drei feindlichen Clans hat er die Wunde erhalten, mit der er sich hinlegte und starb. Wir haben ihn heiß, aber kurz beweint, denn sein Ende war seiner würdig. Sein Ruhm wird noch lange nicht vergehen. Seinen Platz konnte niemand einnehmen. Erst viele Jahre später hat er in dem liebenswürdigen Don Juan »Peterl« einen leichtfertigen Nachfahren gefunden.

Mit Animal und Flocki und unserem namenlosen Laubfrosch gehört Paudl zu den Unsterblichen jener Zeit.

Sonst haben wir mit den Jahren fast alle Haustiere gehabt, die es nur gibt, einige Zeit lang sogar zwei kleine Schildkröten, die in ihrer urweltlichen Schale und mit ihren neunzigjährigen Köpfen uns merkwürdig stark ans Gemüt wuchsen. Ihren Hang, spurlos zu verschwinden, konnten wir durch rote Schnüre, die uns ihr Versteck verrieten, nur einige Zeit lang bekämpfen. Eines Tages waren sie samt den Schnüren gegangen und vielleicht leben noch heute irgendwo im Schlamm der

Au ihre Urenkel, die ich zu gern unmittelbar aus den Eiern schlüpfen gesehen hätte.

Von den Hühnern, Enten, Gänsen spreche ich nicht. Sie waren für uns als Umgang immer eine »quantité négligeable«. Ausgenommen die jungen Enten, unter denen ich oft auf einen verkannten Schwan gehofft habe. Singvögel in Käfigen hat es bei uns nie gegeben. Mama kann die Käfige nicht leiden. Aber im Freien auf den großen Nußbäumen hängen die Starenhäuser, im Winter versammeln sich alle Vögel des Gartens vor dem Fenster des Frühstückszimmers und im Sommer nisten die Schwalben in ihren sauber gebauten grauen Nestern in der Einfahrt. Ihr elegantes Kleid und ihr streichelnder Flug sind mir ans Herz gewachsen, noch mehr ihre zwitschernden Jungen, und als Janosch einmal im Übereifer gutgemeinter Reinlichkeit die Nester herunterschlagen wollte und eines schon zerstört hatte, habe ich den Rest mit Tränen der Wut so lange verteidigt, bis Papa von der Ausfahrt zurückkam und unsere Gäste rettete.

Das einzige Tier, das wir je in einem Käfig gehalten haben, war unser Laubfrosch. Seine Heimat, aus der wir ihn in jugendlichem Alter entführten, war das glatte und kühle Grün des großen Fliederbusches, von dem sich sein Kostüm aus feinstem hellgrünen Leder mit weißer Bauchseite nur durch die etwas lichtere Tönung unterschied. Seine zarten Knopfzehen sehe ich noch mit andächtigem Staunen vor mir. Sein Haus, ein chinesischer Pavillon aus hellgrünem Blech und gläsernen Wänden, auf die eine Froschlandschaft mit Binsen, feinem Gras und biegsamen Blättern zierlich aufgemalt war, ist einer jener Gegenstände, an denen ich, ohne es zu wissen, den Geist des späten 18. Jahrhunderts in mich eingesogen habe. Wir haben es ihm mit angenehmen kleinen Steinen und oft gewechseltem Moos so heimlich als möglich ausgestattet. Mit Treue hielt er auf seiner bequemen Holzleiter das, was man von einem Laubfrosch erwartet. Sonderbarerweise hat er nie einen Namen erhalten. Dafür wurde er von allen verwöhnt und im Winter war ein beträchtlicher Teil des Gesindes aufgeboten, um ihm lebende Fliegen zu fangen.

Er war das einzige Tier, das uns auf allen Reisen begleitete, und die Geschichte, als es ihm im rauchigen Coupé speiübel wurde und als dann im dunklen Gang, wohin er zur Erholung hinausgehängt war, ein fremder Herr sein Gehäuse mit der Lampe des Schaffners verwechselte, gehört zu den schönen Geschichten, die immer schöner werden und die wir uns noch heute gerne erzählen. Seitdem er durch einen Unfall auf der Leiter ein invalides Bein hatte, war er uns nur noch teurer. Ein Wettersturm, der durchs offene Fenster brauste, zerschmetterte ihn – während niemand von uns zu Hause war – samt seinem gläsernen Haus. Mit ausgestreckten Beinen und Armen fanden wir ihn, ähnlich herzbewegend anzusehen wie der tote Affe Fips bei Wilhelm Busch. Im freudlosen Garten unserer Großstadtwohnung haben wir ihn – den letzten lebendigen Rest von unserem Miholjac – fern von der Heimat traurig begraben.

Auch sein Zeitalter war durch schöne Geschichten vorbereitet gewesen. Von dem Frosch angefangen, der zum Prinzen wurde, als ihn die Prinzessin aus ihrem Bett an die Wand warf, dem andern, dem das dumme dicke Kind beim gemeinsamen Essen aus der Milchschüssel den Löffel mit der albernen Frage: »Bist du a a Nockerl?« an den Kopf schlug, bis zu dem dritten, uns liebsten, in der schönsten Geschichte bei Wilhelm Busch:

Drei Wochen war der Frosch noch krank
Jetzt raucht er wieder, *Gott sei Dank*

98

an deren Schluß das »Gottseidank« aus befreiter Brust aufsteigt wie das »Lebe wohl« am Ende der Iphigenie, war es vorherbestimmt, daß auch zu uns ein Frosch kommen mußte.

Das Erscheinen des Igels war durch eine unheimliche Geschichte eingeleitet. Auf dem langen finsteren Dachboden unseres Hauses waren nächtlicherweile leise tappende Schritte zu hören, unverkennbar gingen dort die nackten Sohlen eines menschlichen Wesens über unsere Köpfe hinweg. Nach erfolglosem Suchen verbreitete sich die Fama, in der Delimaničeva ulica Nr. 2 spuke es. Einmal, als wir im Sommer fort waren, faßte unser Janosch sich ein Herz, legte sich im Dunkeln auf die Lauer und als er vor sich zwei glühende Augen zu sehen glaubte, feuerte er seine Flinte aufs Geratewohl ab, nicht ohne sich vorher sorgfältig bekreuzigt zu haben. Das dunkle Geheimnis klärte sich auf, als eine Schüssel mit Milch, die auf die Bodenstiege gestellt worden war, den Geist zum Vorschein brachte: es war der liebenswürdigste aller Igel. Langsam, langsam lockten wir ihn die hölzerne Treppe herunter, indem wir Schüsseln mit süßem Rahm immer tiefer stellten, und endlich hatte er seinen Stammtisch in der Speisekammer (»Speis« genannt). Seine listigen kleinen Äuglein – die ihn als legitimen Verwandten des so sympathischen Igels aus »Der Swinegel und sine Fru« auswiesen – die kindliche Weichheit seines rundlichen Bauches unter dem Stachelkleid, die Zartheit seiner feinen Sohlen, gehören zu einer ungewöhnlichen Persönlichkeit. An seinen Stacheln hat sich Flick, mit völlig entstellter Stimme kreischend, oft die Nase blutig gestochen.

Das Lamm, das eines Tages unsere Hausgenossenschaft bereicherte, war ein Geschenk für meinen Bruder und gehörte ihm ausschließlich: Es bildete das Gespann zu seinem kleinen Leiterwagen und paßte mit seinem kräftigen Wuchs, dem gut zu kraulenden Vlies und seiner herrlichen Gelassenheit gut zu seinem Herrn. Überhaupt erscheint mir heute, wenn ich zurückschaue, mein »kleiner« Bruder mit seinem riesigen aufgekrämpten Strohhut, der blauen Schürze und seiner Gießkanne als der eigentliche Beherrscher der Haustierwelt unseres Hofs. In ihm war, was mir die Märchentiere vermitteln mußten, eingeboren: sein liebes gelassenes Lächeln, das ihn zusammen mit seinen festen rundlichen Formen bei jedermann beliebt machte, steigert sich auf den Fotografien jener Zeit, die ihn zusammen mit seinem Lamm oder mit den jungen Hunden festhalten, bis zu jener verklärten und doch völlig irdischen Verzücktheit, die mir heute die sicherste Gewähr dafür ist, daß das zweite Paradies ebensowenig ohne Tiere sein kann wie das erste. Und dort werde ich dann Flocki wiedersehen.

Flicki und Flocki sind Geschwister. Wären sie das nicht, so könnten sie das Foxterrier-Paar aus der Arche sein, von Noah ausgewählt, um die äußersten Möglichkeiten ihrer Rasse zu verkörpern. Flicki ist er, Flocki ist sie – trotzdem wird sie von allen nur *der* Flocki genannt. Flicki hat stehende Ohren, Flocki – entgegen der Vorschrift – hängende. Flicki ist fast weiß, Flocki schwarz und braun gefleckt. Flicki – wie könnte es anders sein – ist der stichelhaarige. Keinen Augenblick kann er Ruhe geben, wo etwas los ist, erscheint er in gestreckter Carriere wie ein Blitz, mit dem leidenschaftlichen Wunsch, Wirrwarr und Lärm zu vergrößern. Keine Keilerei – den schönen Namen »Hundsmetten« habe ich erst später aufgeklaubt – kann ohne seine Beteiligung ablaufen. Sein Urtrieb, in jedes schliefbare Loch zu kriechen, hat ihn schon in größte Gefahren gebracht, wie damals, als er in einem der zementenen Drainage-Rohre, die in unserem Hof verlegt werden sollten, steckenblieb, weder durch Ziehen und Schieben noch durch vorgehaltene Würste und abgebrannte Knallfrösche daraus herauszubekommen war und erst nach 12stündigem Fasten durch die Verminderung seiner ohnehin schmalen Taille daraus befreit wurde. Dazu ist er diebisch wie eine Elster. Als aus dem Haus zuerst der rotgebundene zweite Band von »Hoffmanns Erzählungen« und nach verschiedenen unwichtigeren Dingen zum Schluß noch von Papas Schreibtisch Urgroßvaters schweres Petschaft mit seinem wildschweinborstenüberzogenen Griff verschwand, wurden die bedenklichsten Vermutungen laut. Bis ich eines Tages – zur »Übung« im Gebüsch lautlos schleichend – Flicki in flagranti ertappte. In der Mitte eines unzugänglichen Buschkreises hatte er in einem tief gegrabenen Loch nebst manchem duftenden Knochen-Methusalem seine Kriegsbeute gehortet. Für diese Untat wurde er von Papa, trotz unserer Fürbitte, auf einen entlegenen Meierhof verbannt, wo wir mit ihm später noch manchmal ein jämmerliches Wiedersehen feierten.

Flocki ist in allem und jedem sein Gegenteil. Von ihm gibt es keine besonderen Geschichten. Und doch ist er die größere »Persönlichkeit«. Mit Treue war er um uns, hat uns überallhin begleitet, hat immer wieder mit Schmerzen im Stall seine süßen Jungen zur Welt gebracht, war krank vor Betrübnis, wenn sie ihm genommen wurden, hat dann seine Heiterkeit wiedergewonnen, wenn auch seine Gestalt nicht schöner wurde, und ist still und liebenswert seinem Tagwerk nachgegangen. Beim halb spielenden Raufen mit Flicki hat er sich als der stärkere und mutigere, aber auch als der edelmütigere erwiesen. Wir waren unzertrennlich. Für mich lebt Flocki fort als ein Muster der Mütterlichkeit, der Liebenswürdigkeit und Geduld, der Herzensreinheit und der Güte. Hanna und Nelly sind die Erben seines adeligen Hundetums geworden. Und alle Ehren der Welt gäbe ich dafür, wenn ich heute meinen Kopf einmal wieder an seine gute Wange legen könnte.

Milch und Honig

Der hellste und lebendigste, der größte und freundlichste Raum im Haus ist unsere Küche. Von Kopf bis Fuß strahlt sie in Weiß: Decke und Wände immer wiederum frisch weiß gekalkt, die Möbel weiß lackiert und der riesengroße Herd mit seinem turmartigen Aufbau, der Wasserwandl und Backröhren enthält, matt weiß gekachelt. Man nennt ihn bei uns den »Sparherd« – warum, weiß mir niemand zu sagen. Nur der Fußboden aus feinen Fliesen ist goldgelb wie Vanille und so trägt die Küche die Farben des Schlaraffenlandes, wie ich es mir vorstelle, mit seinem Bergwall aus Milchreis und Safran und den Flüssen, in denen »Milch und Honig« fließen.

Alles blitzt so appetitlich, daß einem schon der Anblick Lust zum Essen macht. Am Herd sind die eisernen Teile mit Schmirgelpapier jeden Tag so blank geputzt, daß sie matt schimmern wie die flache elegante Taschenuhr aus Nickel, die mir der Großpapa geschenkt hat. Die Hähne aus Messing am Wasserwandl, der schwere messingene Mörser und sein Stößel glänzen wie die Blasinstrumente der Musikanten am Sonntag. Reindln, Pfannen und Kessel blinken in den Kästen und von der Wand strahlen die schönen Backformen aus rotem Kupfer: für den Fisch und die Kuchen, den Striezl und den großen Guglhupf. Die Glasur der färbigen Weidlinge glänzt rosa oder außen grün und braun. Die mächtig dicke Holzplatte des Küchentisches ist immer mit feinem Flußsand glatt gescheuert, wie das Nudelbrett und der Nudelwalker, die Quirle und Kochlöffel. In den vielen großen und kleinen Sieben hängt nicht ein Stäubchen. Kurz, alles ist so verlockend neu und glänzend wie die vielen niegelnagelneuen Dinge in den gläsernen Auslagen bei Mühlhauser, und wirklich laden die Dinge der Küche ein, vieles mit ihnen zu spielen, wozu sie gar nicht bestimmt sind.

In der Küche ist immer eine gute, behagliche, lebendige Wärme. Sie geht vom Herd aus wie von einem großen ruhigen Tier. Schon in der Frühe bullert und brummt das Feuer in der Feuerstelle, singt und brodelt es leise in den Töpfen. Der Herd wird nie ganz kalt. Auch wenn er – wie alles im Hause – nach Tisch und in später Nacht ruht, strahlt sein freundliches Gemüt noch gleichmäßige milde Wärme durch die ganze Küche. Aber zu allen anderen Zeiten findet man ihn immer voll Leben. Es zischt und prasselt, brutzelt und klappert auf ihm und um sein tiefes bärenhaftes Brummen drehen sich die anderen Geräusche der Küche: das Klirren der Teller, das Hacken der Messer, die Zwiebeln oder Petersilie schneiden, das Knacken des Nußknackers, der Nüsse für den Strudel aufbricht, und das Schlagen der Butter.

Alle, die hier walten – Mama, die Köchin und die Küchenmädeln – sind appetitlich gekleidet in »Wasch«-kleidern, sie tragen riesige weiße Schürzen und die Köpfe weiß eingebunden, damit ja kein Haar in die Suppe fällt – das Grauslichste, was es gibt, fast ärger als eine Blattwanze im Obst. Alles muß hier flink gehen, damit ja der richtige Augenblick nicht versäumt wird, aber nichts hastig und mit Übereilung, sondern so flink wie gerade dicke Leute sich oft bewegen. Ich weiß gar nicht, ob alle unsere Köchinnen so waren, aber in der Erinnerung kommen sie mir alle rundlich vor. Vielleicht kommt das davon, weil ihre Gesichter von der Hitze des Herdes immer blühend rot gefärbt sind, und fast immer sind sie vergnügt und zu Späßen und Spaßettln aufgelegt. Immer gibt es hier etwas zu sehen, Kommen und Gehen. Die Burschen schleppen in großen Weidenkörben Scheiter für den Herd herein und in Kannen Wasser aus dem Brunnen, dessen hölzernes Lattenhaus gerade vor den Fenstern der Küche steht, im Sommer Eis aus dem strohgedeckten Eiskeller. Arme Fischer kommen mit schlammigen Stiefeln unter die Fenster der Küche oder an den Windfang vor ihrer Türe und bieten uns Fische an, die sie soeben gefangen haben. Bäuerinnen bringen Eier und in Traubenblätter gewickelte Striezeln besonders schöner safrangelber Butter, Kinder bringen kleine Körbe mit Brombeeren oder Erdbeeren, die sie in aller Frühe im Wald weit draußen gepflückt haben, oder der livrierte Diener des Herrn Grafen überbringt uns ein paar Fasane von der Jagd; unsere beiden Zigeunerinnen mit den lachenden Zähnen und schwarzen Zöpfen betteln. Mandeln werden im Mörser gestoßen, Kaffeebohnen in einer Drahttrommel gebrannt, ein Hase wird mit riesigen Nadeln gespickt oder am Ende gar ein Strudelteig groß und dünn wie ein Leintuch ausgezogen. Es wird gekocht, gesotten, gebraten, gebacken, geschmort, gedünstet, geröstet. Und alles, was auf den Herd oder in sein heißes Inneres kommt, wird auf eine neue Weise wieder lebendig. Das Wasser im Topf wallt, als ob ein Lebewesen auftauchen wollte. Die toten Hühner, die so blaß und traurig ihre langen Hälse hängen lassen, wenn sie von Janosch kunstgerecht gerupft mit nackter »Gänsehaut« hierher gebracht werden, wachen zu neuem Leben auf, wenn sie sich im Bratrohr knusprig bräunen und scheinen auf einmal nicht mehr erwarten zu können, von uns verspeist zu werden. Die Äpfel in der Pfanne zischen laut und fühlen sich befördert und zufrieden, wenn man sie in weiche Schlafröcke aus Teig wickelt. Der unscheinbare braune

Krebs, der aussieht wie ein großer Käfer, bekommt eine feuerrote Rüstung wie die des »roten Ritters«, des Seneschalls in der Sage vom Parzival. Und wenn man bei dem allen zuschaut, wird es einem ganz klar, daß im Schlaraffenland schon die lebendigen Tiere alle gebraten und gekocht herumlaufen mit Messer und Gabel im Leibe und sich voll Lust uns zum Essen anbieten.

Neben der Küche dämmert kühl und grün wie eine Grotte hinter den grünen Fliegengittern mit Heerscharen von Kompottöpfen, mit Schinken und Würsten, mit Eisschrank und Kellereisluft die »Speis«. An heißen Sommertagen, wenn es in der Küche so glühend ist wie am Äquator, umfängt einen die Kühle ihrer Schwester wie eine Gartengrotte.

Die Küche hat ihre Tageszeiten, ihre Jahreszeiten und ihre Feste. In der Früh herrscht in ihr der Duft der siedenden und schäumenden Milch, der mich an mein frischgebadetes eigenes Knie erinnert und verwandt ist mit dem der großen weißen Wasserkipfel, die ich manchmal ausnahmsweise, wie unsere Köchin, in meine Tasse mit den bunten altmodischen Figuren hineintunken und hineinbrocken darf. Am Mittag duftet es meistens nach Rindsuppe und Petersilie, der Nachmittag ist die Zeit des Kaffees, der in einer großen drehbaren Drahttrommel geröstet wird, am Abend dampft es mehlig nach den in ihrer Schale gebratenen Erdäpfeln.

Im Herbst und Winter bevölkern die Küche Rebhühner und Fasane, Hasen und Preiselbeeren. Vor Weihnachten entstehen aus dem blutigen Drama des unter schauerlichem Quieken abgestochenen Schweins große Feste der Küche, vor allem an Würsten. Ostern bringt Schnepfen, das Frühjahr Spargel und hellgrüne süße Erbsen. Bald ist die Zeit für den ersten Kirschenstrudel da, ihm folgt die reiche Familie der mühlradgroßen

Obstkuchen: Ribisl, Marillen, Zwetschken – wahrhafte Rundschilde für die Garden des Schlaraffenlandes. Im Sommer kommt der gedämpfte Kukuruz mit seinen schilfigen blaßgrünen Blättern, das eisgekühlte Mineralwasser aus dem Keller – das kristaly – viz, Kristallwasser, heißt – und das Gefrorene.

Die Festtage der Küche kündigen sich an durch einige besonders verheißungsvolle Geräusche: das Zerschlagen von Nüssen, das Klopfen von Schnitzeln und, festlicher als alle, das weit über den Hof hinaus hörbare Schlagen des Schaums. Unter all den vielen wunderbaren Gerichten, in die sich zu Ehren eines Festes unter den Händen der Köchinnen Garten und Feld, Hof und Wald und Fluß verwandeln, gibt es einige, die in unserer Achtung so unbestritten den ersten Platz einnehmen wie in den Reichen der Natur der Löwe König der Tiere, der Adler König der Vögel und der Walfisch König der Fische ist. So ist die erste im Reiche der Suppen – die »klare« goldige Suppe, in der ein weicher Eidotter, umgeben von zartrosa Würstelscheiben und ganz kleinen harten Würfeln gerösteten Brots schwimmt –, der Hasenrücken in Rahmsauce Herrscher im Reiche der Braten, der Wels mit zerlassener Butter und Sardellen im Reiche der Fischspeisen und – trotz zahlloser Kronprätendenten – der Schaumkoch der Höchste unter den Mehlspeisen, der seinen abenteuerlich geformten gebräunten Gipfel emporhebt wie ein Chimborasso.

Aber für uns Kinder bleibt die liebste Speise, die wir jeden Tag und Festtag essen möchten, doch der Milchreis: dick bestreut mit drei Schichten: zerriebenen Nüssen, Schokolade und Staubzucker und übergossen mit zerlassener Butter. Für mich ist er das Schlaraffenland schlechthin und wenn ich ihn langsam mit dem kleinen Löffel esse, so versinke ich oft in ein staunendes Glotzen. Dann fließt in den tiefen Tälern, die mein

Löffel in das beschneite Hochplateau gräbt – wie die Hand eines Demiurgen – zu kleinen Seen sich stauend die weiße Milch und die goldgelbe Butter und läßt mich schauen und schmecken das Land, wo Milch und Honig fließen.

Einen solchen Milchreis kann man sich – wenn gerade kein Krieg ist – auch heute noch zu Hause bestellen. Aber ich fürchte, er schmeckt doch nie mehr ganz so wie damals. Es ist ein großes Geheimnis darum verloren, vielleicht in den dicken Büchern, die Mama mit Lust studiert hat. Um ganz wie damals zu schmekken, müßte Mama ihn bestreut haben, ich müßte ihn mit meinem alten silbernen Löffel essen, den ich zu meinem ersten Geburtstag bekommen habe, der Teller müßte einen feinen dünnen gewellten Rand und das sonderbar verschwimmende dunkelblaue »Zwiebelmuster« haben – an dem mir zuerst die Ahnung des genüßlichen Holland aufgegangen ist –, mein altes Parterl müßte da sein und um den Tisch müßten wir alle sitzen und Papas Schritt und unser fröhlicher Familienpfiff uns sagen, daß wir wieder alle beisammen sind.

Geister des Hauses

Ein riesiger vertrauter Schatten, ohne Unheimlichkeit, der auf leisen Sohlen in das dunkle Zimmer gekommen ist, in dem ich Janosch weiß und doch etwas anderes, ruft aus dem Ofen den Schimmer neu aufglimmenden Holzes und weckt hinter der sich wieder schließenden Ofentüre ein tiefes Aufbrummen; in dem kleinen Rechteck des Aschenschachtes, zu dem man zwischen den Zipfeln von Polster und Plumeau durch angenehme Dunkelheiten hinüberblinzelt, glüht es jetzt heimlich hellrot, wie in dem Bergsaal des Zwergenkönigs, und mein Ich, das noch nicht ganz in meinen schlafenden Körper zurückgekehrt ist, wandert leicht wie eine Flaumfeder durch alle Dinge des Zimmers: Es ist selbst im Ofen mit seiner milden Wärme, in den geheimnisreichen Laden des Kastens, in den unermeßlichen Berghöhlen unter dem Diwan und in der Türkei des Teppichs: Es *ist* selbst Ofen und Polster, ein weicher Sessel mit vier Beinen und ein blinzelndes Steckenpferd. Halb bin ich in mir und mit mir in dem guten weichen Bett, gehegt von milden Polstern und Decken und halb noch draußen in freundlichen Dingen, den anderen und mir unsichtbar, wie die Geister des Hauses, deren emsiges Walten man gerade um diese Morgenstunde im Zimmer spürt. Sie bleiben immer unsichtbar, aber man fühlt ihre heimliche Gegenwart, hört den Boden unter ihren lautlosen Tritten knarren, die Möbel, die sie berühren, knacken, und man kann sie wohl auch einmal durch Zufall berühren. Wenn sie aber auch unsichtbar sind, so könnte es doch sein, daß sie im Spiegel sichtbar werden, denn in den Spiegeln wohnt eigene Zauberkraft, und deshalb ist es immer ein leicht aufregendes Gefühl, in den Spiegel zu schauen, wo man außer sich vielleicht noch jemand anderen sehen könnte. Sie lieben nur das Heimliche: den Winter, die dämmerige Zeit der Frühe und die lebendige Wärme, die vom Ofen ausgeht, die Dinge des Hauses, mit denen sie uns verbinden. Draußen im Garten sind sie nicht. Dort könnte man noch, dann und wann, ihrem älteren Geschwistervolk, den Zwergen begegnen. Einst gab es ein mächtiges Reich der Zwerge, aber das ist längst nicht mehr, und die es heute noch gibt, sind selten und scheu. Ich weiß, daß sie aussehen wie häßliche, braune, runzelige Kinder, daß sie sehr mißtrauisch sind und leicht wild werden können, aber auch von rührender Freundlichkeit, wenn man zu ihnen gut war. Sie hausen wohl in Sandgruben und Steinbrüchen, wo man die für Menschen viel zu kleinen Eingänge zu ihren unterirdischen Wohnungen findet, denn sie meiden das Sonnenlicht, das ihren großen Augen wehtut, zeigen sich nur bei dicht bedecktem Himmel; sie lieben das Höhlenartige und Geborgene, wie die Geister des Hauses auch.

Das kann ich gut verstehen: denn es ist eine Lust ohnegleichen, sich in der Früh in den noch warmen Betten von Mama und Papa aus Steppdecken, Plumeaus und vielen Polstern geheimnisvolle Höhlen und Behausungen ohne Türen und Fenster zu bauen und durch ihre unterirdischen Stollen und Höhlen zu kriechen, sich hier Spielzeug und Schätze aufzuhäufen, das Außen ganz auszuschließen und ganz »drinnen« zu sein. Nicht *ganz* so schön sind die anderen Höhlen in den Zimmern, die es überall gibt, unendlich viele und sich verwandelnde: unter den Betten und den Diwans, unter dem Klavier und dem schweren Tisch im Speisezimmer mit seiner körnigen grünen Decke oder dem damastenen Tischtuch, das bis zum Boden hängt, in der Mitte unter Papas Schreibtisch, hinter den langen Vorhängen im Speisezimmer und Salon und in den wahrhaftigen Zelten aus Plaids über Sesseln oder zusammengebundenen Zimmerbesen gebaut, die nur dann am richtigsten sind, wenn sie ganz geschlossen werden. Aber in die große Truhe zu steigen und den Deckel über sich schließen zu lassen, ist ungemütlich – das macht Angst, daß man nicht mehr herauskönnte.

Und kleine Höhlen und Verstecke, Schlupfe und Winkel für die Puppen oder noch kleinere für die Bleisoldaten gibt es unzählige, (sie sind oft so ineinander geschachtelt wie die Schachteln, die immer wieder eine kleinere enthalten), die verborgenen Galerien in der Höhle unter dem großen Tisch im Speisezimmer – Ofenschacht und Schubladen – Geheimfächer – die Lust des Verbergens von Dingen, Vergraben von Schätzen und Horten, das Grab des »unbekannten Bleisoldaten«.

Dieses Kapitel wurde nicht vollendet, es steht fragmentarisch im Manuskript.

Dinge verstecken und *sich* verstecken (Versteckenspiel: das Spiel der Spiele), die leichte Furcht, wenn man wartend im Versteck sitzt; damit verwandt das Sichverkleiden (auch ein Sichverstecken), Sichverkleiden in ein Tier (Eisbärfell) – das Erschrecken vor sich selbst, Steigerung des Sichversteckens, das Spiel, das man nur mit sich selbst und für sich selbst spielt: »ich bin den anderen unsichtbar« (Harun al Raschid, die Tarnkappe), Rumpelstilzchen.

Es ist viel schöner am Boden zu spielen als am Tisch (dasselbe Spiel ist »unten« gespielt reicher, schöner als oben), die Froschperspektive der Zimmer (Entdeckungsreisen im Zimmer), die Teppiche wie Kontinente (Weltkarten mit Inseln, Golfen, Sunden und Meeren), das »rote« und das »grüne« Meer.

Das Kleine und das Große (Liliput viel schöner als Brobdingnag).

Die Erforschung der Zimmer, ihre verschiedenen »Temperaturen« (auch im übertragenen Sinn) und Düfte.

Die Möbel: Mamas großer Spiegelkasten, mit dem Veilchenduft der Wäsche bis zum Rand gefüllt, das »Kastel« mit dem Eß- und Rauchzeug, das Schatzhaus der Kredenz – fast ein Tempel, Papas Schreibtisch.

Gerät und Geschirr, Uhren und Bilder (das Ticktack der Uhren und das singende Bild)-Eldorado.

Bleisoldaten

Auf der Welt der Bleisoldaten liegt der Glanz von Weihnachten. In dem feinen glänzenden Lack, der ihre prächtigen Farben hervorhebt: das dunkle und helle Blau der Röcke, das Rot der Kavalleriehosen, das Grün der kleinen rechteckigen Fußplatte oder das Lichtgrün der Federbüsche der Generalität, im Gold und Silber der Verschnürungen und Helme, im Rot- und Dunkelbraun, Weiß und Schwarz der Füchse, Braunen, Schimmel und Rappen schimmert, wenn sich die schwarzmoirierten Schachteln mit den goldenen Buchstaben öffnen und Kompanien, Eskadronen und Batterien sich vom mattrosa geknitterten Seidenpapier in hinreißender Pracht abheben, noch das Licht der Weihnachtskerzen und der Gold- und Silberschein aus den dunkelgrünen Tiefen des Christbaumes auf ihnen. In den Farben der Bleisoldaten ist eine eigentümliche, mit Worten nicht zu fassende Macht; sie sind stärker als alles, was es in der Wirklichkeit gibt. Und diese fast greifbare Farbe ist eins mit den zierlichen, aber festen Formen, an denen jede Einzelheit nicht nur zu sehen, sondern mit den Fingerspitzen zu fühlen ist, eins mit der weichen Schwere und mit dem kriegerischen Duft von Lack und Blei, in dem ein fernes Echo aller anderen Weihnachtsdüfte erregend mit enthalten ist. Diese kleinen Gestalten sind umgeben von dem Klang der Märsche, die unser Werkel zu Weinachten gespielt hat, wenn sie auf dem weißen Tischtuch des Geschenktisches aufmarschierend wie im frischen Schnee, das hinreißende Bild einer militärischen Parade en miniature boten.

Die Welt der Bleisoldaten ist völlig etwas für sich. Das Jahr über ruhen sie in ihren vornehmen dunklen Kartons mit steifen Goldbuchstaben in den kühlen und duftenden Hohlfächern der Kommode mit dem großen Spiegel darüber im dämmerigen »Salon« und warten auf den Ruf, der sie von Zeit zu Zeit zum Leben erweckt. Wenn die Schachteln sich öffnen, versinkt alles andere, die große Armee erwacht zu neuen Taten und steigt aus den Grüften hervor, »den Kaiser, den Kaiser zu schützen«. Alles an ihr muß so sein wie es ist und dürfte nicht anders aussehen; die Soldaten, die weder größer noch kleiner sein dürften, sind so wie sie sind, in dieser Welt im kleinen das Maß aller Dinge, die sich durch ihre Gegenwart traumhaft verwandeln. Wie plump und ungefüge, höchstens gut, um den Hühnerhof oder die bunten Häuser einer Kleinstadt zu bewachen, sind die gedrechselten größeren Soldaten aus Holz und ganz zu verachten die puppenmäßigen aus Papiermaché; wie schemenhaft sind die flachen Gebilde der Zinnsoldaten, die man nur von einer Seite ansehen darf, wo sie dann oft recht kühn und flott wirken, die aber zu nichts werden, wenn sie der Blick von vorne trifft, kaum besser als die flüchtige Unterhaltung der Papiersoldaten, die man an langweiligen Tagen aus Bilderbogen ausschneidet. Das sind eben nur *Bilder* in Zinn, unsere Bleisoldaten aber sind die Wirklichkeit noch einmal, und heute möchte ich fast sagen, daß sie das Urbild des Militärischen sind. Denn die Gleichmäßigkeit und der Glanz ihrer Uniformen, die Genauigkeit ihrer Haltung, das Untadelige ihrer Paraden und Defilierungen – alle diese angestrebten Ideale des wirklichen Soldatentums – sind ihnen eingeboren. Gibt es etwas Faszinierenderes als den Anblick einer solchen Eskadron in entwickelter

Linie: Husaren, Ulanen oder Dragoner – Namen, die selbst wie Schlachtrufe klingen. Und nun gar eine Parade unserer ganzen Armee: die Infanterie in dunkelblauen Röcken und hellblauen Hosen, die Kavallerie mit den Offizieren an der Spitze, dann das Indigoblau der Marineinfanterie, graugrüne Jäger mit Federbüschen an den Hüten, vier Batterien Artillerie, die Rohre aus mattgoldener Bronze, die Fahrkanoniere mit den kurzen Peitschen in der Hand, dann der Train mit Fouragewagen, Feldküche, Feldschmiede, Feldpost, Pontons, der Lazarettwagen mit der Sanität am Schluß und die ganze Generalität in weißen Waffenröcken, feuerroten langen Hosen, goldenen Feldbinden und hellgrünen Federbüschen. Dieser Anblick ergreift das Herz mit der gleichen sonderbaren Erregung, die im Schlagen einer Trommel und im scharfen Schall der Trompeten ruft.

Einmal hatte ich zu Weihnachten eine Schlacht zwischen Russen und Japanern bekommen. Der Eindruck des mit höchster Kunst aufgebauten Gefechtes war überwältigend. Da gab es Soldaten, die am Bauche liegend, andere, die kniend und stehend feuerten: Eine kleine Wolke aus Blei mit einem rötlichen Schein in der Mitte verriet den aufblitzenden Schuß. Da gab es explodierende Granaten und stürzende Verwundete; zwischen graugrünem Gebüsch aus Blei drängten die Reihen der angreifenden dunkelblauen Japaner in gelben Halbgamaschen mit aufgepflanztem Bajonett und die Mitte des Schlachtfelds nahm die gewaltige Gruppe der beiden Offiziere zu Pferd ein, die mit der blanken Waffe aufeinander eindrangen. Nur der wütende Straßenkampf auf der Schleife von Papas Zigarettenpapier »Le Griffon«, von kaltem Blau und blutigem Rot überfließend, mit dem Handgemenge der Zuaven, war so zum Rand voll mit Kampf wie dieses einmalige Weihnachtsgeschenk. Aber mit seiner bleiernen Pracht war wenig zu beginnen. Diese Soldaten waren erstarrt im Kampf, sie kannten nur die Schlacht. Unsere vertrauten alten Soldaten vermögen mehr. Sie marschieren auf Straßen und über Brücken, sie stürmen, sie reiten eine Attacke, sie biwakieren abgesessen neben ihren Pferden oder fallen im Kampf, wenn man sie umwirft, und ihnen ist gegeben, was den anderen versagt war: aus der Schlacht als Sieger heimzukehren. Denn die Schlacht ist nicht das Ende, sie ist nicht um ihrer selbst willen da, sondern für den Sieg, und der höchste Augenblick des errungenen Friedens ist die Parade.

Diese Welt der Soldaten im kleinen steht in geheimnisvoller Weise in Verbindung mit der Welt der Soldaten im großen. Auch unsere Gegend erzählt von den glorreichen Taten der großen Armee. Dort im Norden liegt der Berg Harsany, an dem Prinz Eugen mit seiner schweren Reiterei die Türken besiegt und in die Flucht geschlagen hat. Und dort im Süden liegt »Belgerad«. Abends im Bett, vor dem Einschlafen sehe ich im Dunkel meiner geschlossenen Augen viele wunderbare Schachteln, gefüllt mit den weißröckigen Dragonern des Prinzen, dreieckige Hüte auf dem Kopf und dicke Karabiner am Sattel, und ihre Gegner, die bunten Haufen der Janitscharen. Denn *der* Feind, der eigentliche Feind, sind die Türken, und der Marsch aller Märsche ist das Lied vom Prinz Eugen. Zehn Jahre später wird es der Defiliermarsch meiner Truppe, der Artillerie, sein und bei seinen Klängen hatte ich beschlossen, als Zugsführer des ersten Zuges der ersten Batterie meines Regiments nach dem siegreichen Frieden in Wien einzuziehen. Auch das Land, in dem wir jetzt leben und wohnen, diesen äußersten Zipfel des Reichs, hat der edle Ritter »dem Kaiser wiedergekriegt« und vielleicht ist er einmal hier vorbeigeritten.

Den Kaiser aber habe ich selbst gesehen, wie er im Manœuvre an der Spitze seiner Generale und respektvoll begleitet von irgendwelchen fremden Fürsten unten auf der Straße unter unserem Haus, an der Parkmauer entlang gegen die Drau ritt, und er hat mir sogar freundlich gedankt, als ich ihm von oben, die Hand an meinen Ulanen-Tschako gelegt, salutierte. Aber wenn ich ihn nicht von Bildern gekannt hätte, hätte ich nicht gedacht, daß das der Kaiser ist. Er sah nur aus wie einer seiner Generale und fast genau so wie der aus meiner Bleisoldaten-Schachtel. Früher haben die Kaiser wohl anders ausgesehen. Damals gab es auch noch nicht mehrere in der Welt, was ich sehr verwirrend und nicht in Ordnung finde. Könige mag es mehrere, ja viele geben, wie Planeten, die sich um die Sonne drehen, denn sogar die kleinen Länder im Süden von uns haben ihre Könige, die mir etwas komisch erscheinen, und im Märchen gibt es Könige, über die man lachen muß. Über den Kaiser hat noch niemand zu lachen gewagt. Schon in seinem Namen »Kaiser« ist die geheimnisreiche Hoheit und Würde, wie in dem schweren Reichsapfel, den nur er tragen darf, und um seine Krone, die kein leichter Reif mit Zacken ist, wie die der Könige, sondern feierlich wie ein Thron oder ein Turm und fast zu schwer für ein menschliches Haupt.

Der letzte Mohikaner

Im feierlichen Schweigen endloser mächtiger Wälder liegt weit in den Jagdgründen des fernen Westens der See »Glimmerglas«. Ich sehe seinen gläsernen grünen Spiegel, als ob es gestern gewesen wäre. So still ist es da, daß man das Tropfen des Ruderblatts hört und durch das klare Dämmern der kühlen Flut erblickt man am Grunde des Sees die Gräber, wo neben ihrer Mutter die arme, einfältige Hetty begraben liegt. Ich sehe den schmalen Streifen Sand und Fels, der zwischen dem Dickicht des Urwalds und dem Wasser entlangläuft, und die Häupter ferner Berge über den Wipfeln, in denen sich helleres Laub mit dem tiefen Grün der Nadelbäume mischt; ich atme die starke, reine Luft. Dort ist der Stein, von dem Chingachgook in das Boot sprang, dort, ganz versteckt, der Abfluß des Sees, in dem unter den großen, überhängenden Bäumen damals die »Arche« verborgen war. Alles erkenne ich wieder wie in einer Heimat, so unvergessen, als ob ich gestern dort gewesen wäre, und ich habe es doch nur in einem Buch gelesen.

Groß ist der Zauber des Wortes. Was für herrliche neue Räume haben sich damals aufgetan, als ich am Bauch unter dem Waldhimmel des Christbaums liegend zum erstenmal in die Tiefen mir fremdklingender Worte blickte: »Wildtöter«, »Huronen«, »Delawaren«, »der flinke Hirsch«. Damals hatte ich noch nie einen wirklichen See gesehen und sah ihn doch, durch den Zauber der Worte, so wirklich und unverwechselbar wie kaum einen später in der Wirklichkeit – nur den »Königsee«. Und wie erstaune ich noch heute, nach vierzig Jahren, wenn ich dort, wo ich viele Seiten der Schilderung vermutete, nur drei kurze Sätze finde: »Wildtöter brach in einen Ausruf des Erstaunens aus. Vor ihm lag ein großes, stilles, durchsichtiges Gewässer, dessen Ufer unregelmäßig von Buchten und Landspitzen gebildet waren; im Hintergrund zeigten sich bedeutende Anhöhen, die ganze Gegend war in feierliche Stille gehüllt. ›Das ist großartig und erhaben‹ sprach endlich Wildtöter.«

Groß ist der Zauber der Worte. Aber damit er ganz wirken kann, müssen, wie bei jedem wahren Zauber, viele andere, nur scheinbar unbedeutende Dinge eingehalten sein. Nicht alle Bücher – lange nicht alle – haben die Kraft, einen wie auf einem Zaubermantel so in eine Gegend zu tragen, daß man sie mit Augen *sieht*. Es gibt Bücher, die vom ersten Satz, ja vom Einband an nur Ödigkeit und Verwirrung verbreiten, und bei denen man sich vergeblich das vorzustellen versucht, wovon sie sprechen. Nur *dieser* »Lederstrumpf«, den ich zu meinem achten Weihnachtsfest bekam, hatte diese Kraft, mir seine Landschaft zu zeigen, und keinem anderen, den ich später in die Hand nahm, ist diese Verzauberung mehr gelungen. So graugrün muß sein Einband sein wie die Rinde der Waldbäume – darauf Lederstrumpfs Profil mit dem kühnen Schlapphut und dem indianischen Jagdrock –, so rot der Schnitt seiner Buchblätter wie das Herbstlaub und das Blut, das so oft im Buch vergossen wird. So schwer muß der dicke Band sein – endloses Lesen versprechend –, daß ich ihn kaum in der Hand halten kann und ihn aufgestützt auf den Ellenbogen lesen muß, und so zart die Farben der wenigen Bilder wie der herbstliche Hauch des Waldes auf dem einen Bild, wo Wildtöter, im Boote kniend, den fliehenden Hirsch schießt. So, genau so, müssen die zierlich geschnörkelten Buchstaben aus klarem Stahl sein – nicht größer und nicht kleiner, nicht dünner und nicht dicker – und so der altertümliche Duft des starken Papiers. Und noch etwas muß dabei sein, um so zu verzaubern, wie das mein Lederstrumpf konnte. Was das ist, kann ich nicht sagen, aber ich weiß und kenne es genau. Im »Robinson Crusoe« – meinem *ersten* Buch, das ich über alles liebe – ist es noch nicht. Den Namen dafür wird mir erst viel später Stefan – Genosse so vieler Zauberfahrten – nennen; es ist: »das Rauschen« (manche nennen es wohl auch, ungenauer, die Poesie). Auch nicht in allen Teilen des »Lederstrumpf« ist es – die späteren machen mich fast traurig, weil es da fehlt –, ganz nur im »Wildtöter« und im »letzten Mohikaner«. Aber es wird wiederkommen in dem »Sohn der Wildnis«, in dem »Gefangenen der Aymaras«, im »Enkel der Könige« – was für herrliche, rauschende Namen für Bücher! – und ganz vollkommen, als ob ich alles *selbst* erlebt hätte, wird die Magie wieder sein beim ersten Lesen der »Schatzinsel« mit dem alten Duft ihrer holzgeschnittenen Bilder.

Da steht auf den felsigen Klippen Englands, an der versteckten Bucht des großen Weltmeers das alte kleine Wirtshaus: der »Admiral Benbow«, umrauscht vom Meer und den Stürmen, von unheimlichen und seltsamen Begebenheiten. Ich rieche den Reif an dem bitterkalten Tag, als das Abenteuer begann, das Holz in der Küche, wo der »schwarze Hund« saß, ich höre das Klappern des Stocks, als der unheimliche Blinde zum erstenmal zu uns ins Haus kam. Was ist seither nicht alles geschehen! Jim Hawkins und John Silver, Squire Trelawney und Dr. Livesey mit ihren weißen Perücken, wo sind sie? An wie viele wirkliche Menschen, die mir begegnet sind, kann ich mich längst nicht mehr erinnern, und wie gern, mit welcher Herzlichkeit denke ich an euch zurück. Die Erinnerungen, die Jim Hawkins im Auftrag des Doktors aufzeichnete, sind farbiger und genauer als die meisten meiner eigenen, und manchmal kommt es mir vor, als ob er und meine anderen Helden wirklicher wären als ich selbst.

Aber in den Büchern vergeht – und deshalb können sie gar nicht dick genug sein – die Zeit viel zu rasch. Zwar gehört auch das zu ihrem Zauber, daß eine Stunde wie viele Tage ist und ein Buch wie das Leben. Verlassen müssen wir den See Glimmerglas, wo Wildtöter und Chingachgook ihren ersten Ruhm erwarben. Verlassen müssen wir Bob Silver, der ein großer Schurke und doch so liebenswert und lustig war. Das Buch wird mit einem großen Seufzer zugemacht: es kommt die Seite, auf der »Ende« steht. Freilich kann man das Buch gleich wieder lesen und ich tue es auch, aber ganz so wie beim erstenmal wird es *nie* wieder sein.

In dem Herrlichen ist das Traurige, das den Zauber der Bücher ausmacht: die Vergänglichkeit. Alles, was in ihnen ist, vergeht so rasch: das Schönste und Lebendigste, das Tapferste und Edelste. Aber in der reinen Trauer darum ist auch wieder etwas Herrliches, Gewaltiges und Befreiendes – wie ein Sturm –, das spüre ich gut, obwohl ich es zum erstenmal erfahren habe.

Erhebender, erhabener ist nichts als das Ende des »letzten Mohikaners«. Unkas, der so edel, tapfer und gut war, und Cora, die »liebliche dunkle Blume«, sind tot. Unsagbar ist der Schmerz. Durch Schleier von Tränen hindurch lese ich zum erstenmal von ihrem Ende: »Dort saß, gleichsam noch lebend, voll Würde und Anstand, Unkas, mit dem prachtvollen Schmuck des Stammes geziert. Vor dem halb aufgerichteten Leichnam kauerte Chingachgook, ohne Waffen, ohne Bemalung und ohne jedes andere Abzeichen als die glänzende blaue Schildkröte, welche unvertilgbar in seine Brust eingegraben war. Fest, kummervoll und düster schaute er auf das leblose Antlitz seines Sohnes.«

Und aus dem ehrfurchtsvollen Schweigen erhebt sich zum Schluß erschütternd und reinigend wie ein mächtiger Gesang die Klage des uralten Tamenund:

»Es ist genug! Geht, Kinder der Lenapen! Die Blaßgesichter beherrschen die Erde und die Zeit der Rothäute ist noch nicht wiedergekommen. Mein Leben hat zu lang gewährt. Am Morgen sah ich noch die Söhne der Schildkröte glücklich und machtvoll und jetzt, ehe die Nacht hereingebrochen ist, muß ich leben, um zu schauen den letzten Krieger aus dem Geschlecht der Mohikaner.«

Musik

Wieviel Musik es gibt! Alles, was sich sehr freut und was sehr traurig ist, alles was frisch ist, und alles, was sich sehnt, muß singen, muß Musik machen. In der Frühe singen unsere Mädeln in der Küche und auf dem Hof, um sich die Arbeit lustig zu machen, und spät am Abend hört man, vom Lachen unterbrochen, ihren Chor beim Kukuruz-Brechen in der Scheune. Die Bauern singen, wenn sie auf den hochbeladenen Heuwagen von den Feldern heimfahren, und die Wallfahrer, die mit ihren Bilderfahnen unter unseren Fenstern vorbeiziehen. Im Schweigen des Mittags ertönt irgendwo in der Weite einsam die Flöte des Hirten, der sich sehnt. Wenn Janosch seinen großen Kummer hat, sitzt er auf den feuchten Stufen vor der Waschküche und singt hundertmal sein altes todtrauriges Kuruzenlied, wie ein Verbannter in der Fremde, der in seinem Herzen die verlorene Heimat sucht. Dann wird es auch Flick und Flock ganz traurig zu Mute und sie singen heulend den weißen Vollmond an, der hinter den Jasminbüschen steht.

Aber die wirklichen, die geborenen Sänger sind die Vögel. Sie ruft zum Gesang die Sonne, der Frühling und die Frühe. Mit vielen Stimmen singen sie bei uns fast den ganzen Tag, trillern, pfeifen und flöten Melodien und Signale, rufen, gurren und schluchzen einzeln und in Chören und dem einen Chor antworten andere jubilierend überall in den Büschen und Bäumen, den Hekken und lebenden Zäunen, im Dickicht und im Feld; ihr Gesang fliegt mit dem Wind durch die Luft wie Wellen in einem Meer von Gesang. Manche haben Stimmen, die glitzern wie viele kleine Tropfen, in denen tausend kleine Sonnen blinken, andere Laute, die so weich und klar und süß sind wie die Stimme von Mama, wenn sie uns weit über den Hof ruft. Zu gerne würde ich einmal den Kolibri singen hören. Der, denke ich, könnte in der Wiese mitsingen, wo das Zirpen der Grillen fast ohne Unterlaß tönt und die Bienen wie eine tönende Wolke summen und wo es noch ungezählte ganz feine Stimmen gibt, die zu hören man ein so winziges Ohr haben muß wie ein Däumling. Denn auch singendes Gras gibt es. Aber auch die großen Bäume können singen, nicht nur knarrend und ächzend, mit ihnen singt der Wind an manchen Tagen ein wirkliches brausendes Lied. Und auch das Wasser singt im Fluß, wenn es in der Sonne über den Sand und die feinen klingenden Kiesel dahinzieht; es singt im Kochtopf und im feuchten Holz zusammen mit dem Winterwind im Ofen, das Eis singt klagend, wenn es das Harte in ihm zersprengt. In unserer großen Meermuschel, die glatter und glänzender ist als das feinste Porzellan und so zart vom Rosa ins Weiße geht wie der Flaum eines Flamingos, hört man, wenn man ihre gezackte Öffnung dicht ans Ohr legt, das große dunkelblaue Meer, aus dem sie gefischt ist. Das weiß ich von Papa. Und so finde ich es auch ganz begreiflich, daß nicht nur Statuen und Steine singen können, wenn der erste Morgenstrahl sie anrührt, sondern daß auch die Sterne, wenn sie sich um die Erde drehen, und die Sonne selbst ihr Lied singen, wenn ich es auch noch nie gehört habe.

Diesen Gesang der Sterne mit der Sonne stelle ich mir so, nur viel gewaltiger, vor wie das geisterhaft starke, gleichsam aus der Luft kommende Tönen von Gläsern, deren Rand man ganz sanft kreisend mit dem nassen Finger streicht. Und zugleich wohl so ähnlich, nur viel gewaltiger als der »Hymnusch«, den wir an großen Festen in der Kirche singen. Die Musik in der Kirche ist stark und laut, sie füllt den Raum ganz aus, steigt mit dem Weihrauch zur Wölbung und hebt einen mit auf. Die Stimmen der Bauern sind nicht fein und die der Mädeln so grell wie die Farben ihrer Schürzen, es ist ein großes Gedränge von Stimmen, und laut und abwechselnd weich und grell ist auch die Orgel, die manchmal keine Luft bekommt, wenn ich oder einer der anderen Buben nicht rasch genug auf die Leitern der Blasbälge treten, aber die Musik ist sehr feierlich und stark und wenn, wie von *einer* Stimme gesungen, der »Hymnusch« mächtig sich ausbreitet – »isten ald meg a magyart« – wie ein großer purpurner Baldachin –, weitet sich das Herz und man bekommt Tränen in die Augen, obwohl man gar nicht traurig ist. Stärker ist wohl keine Musik.

Aber die eigentliche Musik ist vielleicht doch die, die nicht mit der Stimme, sondern mit Instrumenten gemacht wird. An schönen Tagen, wenn man in der Früh hinter den grünen Jalousien – durch deren leuchtende Schlitze man schon das herrliche Wetter ahnt – noch angenehm in den frischen Polstern und Plumeaus träumt und sich faul überlegt, ob man schon wach ist oder noch schläft, kommt weit über die Häuser und Höfe und Zäune aus dem Ort ein Stück Musik ins Ohr. Zuerst hört man nur leise den Takt der Tschinellen und der großen Trommel, dann erst erkennt man im Marsch die großen und kleinen Trompeten, Klarinette und Fagott. Das ist die Musik, die einen in den Sohlen juckt und Lust macht, mit einem Satz aus dem Bett zu springen und mit ihr mitzulaufen, gleichviel, ob sie von durchmarschierenden Soldaten gemacht wird oder nur von den Burschen der Feuerwehrmusik aus unserem Dorf. Das ist die Musik der Festmorgen. Sie glänzt und strahlt wie die Instrumente, auf denen sie gespielt wird und die noch extra mit roten, weißen, blauen Quasten und Bommeln geschmückt sind und, die sie spielen, wissen das auch, sind stolz und selbstbewußt und ich beneide sie ein wenig.

Wenn man aber am Abend schon ins Bett hat gehen müssen und verlassen sich sehnt, noch auf und mit Mama und Papa und den Gästen lustig zu sein, deren Lachen und Gläserklingen man vom Tisch vor dem Haus herein hört, dann setzt auf einmal, daß es einem bis in die letzte Fingerspitze läuft, eine ganz andere Musik ein: die Zigeuner spielen. Keine Musik ist wie die ihre. So durcheinandergemischt sind in ihr Ausgelassenheit und unaussprechliche Wehmut, daß man sie gar nicht mehr unterscheiden kann. Sie durchläuft einen heiß wie der starke pure Wein, den wir nur ganz selten einmal zu trinken bekommen, und auf einmal möchte man weinen und lachen. Eine Zauberei ist dabei, vor der man sich ein wenig graut, wie vor den Zigeunern selbst, mit ihren dunklen, weißzahnigen Gesichtern, die zaubern und wahrsagen und einen zu sich locken wollen. Wenn zuerst langsam und dunkel die Geigen eine Melodie ziehen, um dann plötzlich mit wirbelndem Schlag des Cimbals zum Tanz hinzureißen, dann ist es schwer zu widerstehen. Von unseren Dienstmädeln habe ich gehört, daß sich einer, der dem Zauber ganz verfallen war, zu Tode getanzt hat und daß andere sich hatten festbinden lassen, weil sie sonst, ob sie wollen oder nicht, mit den Zigeunern fortziehen müssen und verlorengehen.

Diese Musik ist wie der ungewässerte Wein für die Erwachsenen, nur für sie. Es gibt aber auch eine Musik, die ganz nur mir und meinem Bruder gehört und die schöner ist als *alle* andere. Das ist die Musik, die unsere beiden Werkeln machen: das große und das kleine.

Das große ist eigentlich gar kein Werkel, sondern eine wunderschöne Spieldose. Wenn man den Deckel des feinpolierten, würfelförmigen, schweren Kastens aufmacht, dessen Holz in seidigem braunen Glanze schimmert wie das schönste Haar, wenn mit einem heimlichen feinen Schnurren eine Walze mit Tausenden kleiner Zähne sich dreht, wenn die großen braunen Scheiben mit ihren mattgoldenen Buchstaben zu kreisen beginnen, in deren Löcher die feinen Zähne der Walze greifen, dann erfaßt uns ein unnennbares Glück. Aus Tausenden solcher zierlicher Töne setzt sich die Musik des Werkels zusammen: darum heißt es »Polyphon«. Und alles, was das Werkel spielt, ist verklärt und verwandelt, ob es »Die Schmiede im Walde« ist – wo man das feine Klingen der Hämmer im Walde hört –, ob »Spinn spinn« (aus dem ich weiß, wie wunderbar traurig es in Norwegen ist), ob »Über den Wellen« oder »Das Bienenhaus«. Solche Seligkeit kann nur die wahre Himmelsmusik bereiten, und dieses Werkel ist ja auch vom Christkind zu meinem vierten Geburtstag gebracht worden, und auf dem Bild im Inneren seines Deckels machen vor einem tiefblauen Himmel mit Bäumen viele nackte Engelskinder auf allen Instrumenten Musik. Dieses Werkel ist unser großes Heiligtum, es darf nur in der Zeit vor und nach Weihnachten gespielt werden und das »Stille Nacht« nur am Weihnachtsabend und in der Weihnachtswoche selbst. Das Glück, das es mit seinen Tönen bringt, kann nie nie enden und Gottseidank kommt es jedes Jahr wieder. Noch meine Urenkel werden das Werkel spielen.

Das »kleine« Werkel ist nur eine kreisrunde, dunkelblaue Metalldose, die in eine Hand geht, mit einer kleinen weißen Kurbel, die man selbst dreht – langsamer oder schneller –, wie einem zumute ist. Es spielt nur ein einziges Stück. Aber seine feine, liebe Stimme geht so zu Herzen, wie der Anblick des kleinen toten Vogels, der auf dem bunten Bild des Deckels von zwei altmodisch gekleideten Kindern auf einen kleinen Wagen gebettet zu Grabe gezogen wird. So wehmütig ist das Lied, das es spielt, und so schön sein Schluß, wo die Melodie noch einmal hoffnungsvoll ansteigt, bevor sie vergeht, daß dieses »kleine« Werkel mein eigenster größter Schatz ist. An ihm hängt mein Herz wie an keinem anderen Ding der Erde. Es soll mich überallhin begleiten, und wenn ich einmal tot bin, soll es mit mir ins Grab gelegt werden – wie dem Unkas sein Pfeil und Bogen –, damit es nie jemand spielt, der es nicht so liebt wie ich.

Die Jahreszeiten

Schlimmer als ein Jahr ohne Ferien muß eine Gegend ohne Jahreszeiten sein. Wie gut ist es zu wissen, daß alles vergeht und doch alles wiederkommt. So wie das Jahr läuft, sollte die ganze Zeit laufen, das ganze Leben, und – wer weiß – vielleicht geht es so. Freilich kommt auch im Jahr nicht alles auf die gleiche Weise wieder. Manches Jahr kommen die Jahreszeiten ganz langsam von vorne auf einen zu, Schritt für Schritt, in einem anderen schleichen sie von rückwärts, auf den Zehenspitzen, an einen heran, halten einem die Augen zu, und wenn man die Augen aufmacht, sind sie da. *Über Nacht* hat sich alles geändert: in der Früh liegt Schnee auf dem Fensterbrett und auf allem, was man durch die Eisblumen hindurch sehen kann, oder der Birnbaum ist im Schlaf aufgeblüht oder der erste große Herbstregen trommelt gemütlich an die Scheiben. Dann ist alles Gewohnte wieder frisch und neu wie am ersten Tag. Dann kann man es im Zimmer nicht mehr aushalten, sondern muß hinaus in den Hof und Garten, um die neue Jahreszeit nicht nur mit Augen und Ohren, sondern mit der Nase, der Haut, im Atem und mit allen Poren aufzunehmen.

Daß es vier Jahreszeiten gibt, und in jeder drei Monate, ist eine gute Erfindung. In Mamas schönem Kalender, dessen große Blätter aus feinem, am Rand gewellten Karton eine dunkelrote Seidenmasche zusammenhält, und die man so umwenden kann, daß nach dem Dezember gleich wieder der Januar zum

Vorschein kommt, gehört sogar zu jedem Monat eine Blume, die in zarten Tönen so fein gemalt ist, daß man sie nicht ansehen kann, ohne ihren Duft mitzuriechen. Und wie hübsch ist es, daß zu jeder Weltrichtung eine Jahreszeit und ein Erdteil gehören: zum Osten Asien und das Frühjahr (da denke ich an die Kirschblüten in Japan und den verschneiten Berg Fushijama), zum Süden Afrika und der Sommer, zum Westen der Herbst – Amerika – und zum Norden Europa – der Winter. Aber so wie es eigentlich gar nicht vier Erdteile gibt, sondern fünf – was das ganze Spiel stört –, so gibt es in der Wirklichkeit gar nicht vier Jahreszeiten, sondern sieben oder acht. Mit großer Befriedigung habe ich vor kurzem zur Kenntnis genommen, daß sogar die Wissenschaft von den Jahreszeiten das entdeckt hat, was ich damals im stillen wußte. Aber *Namen* haben eben doch nur vier, und so gibt es einen Vorfrühling und einen Frühling, einen Frühsommer, Hochsommer und Spätsommer, zwei Herbste – den bunten und den kahlen –, aber eben doch nur *einen* Winter.

Winter

> When icicles hang by the wall
> And Dick, the shepherd blows his nail...
> *(Shakespeare)*

Der Winter ist nicht nur die längste, sondern auch die fröhlichste Jahreszeit. Freilich schneit es bei uns recht selten, aber wenn nur die ersten Flocken fallen und auf unseren dunkelblauen Jacken die einzelnen Schneekristalle sich schöner als tausend Sterne aus dem Kaleidoskop abzeichnen, dann ist der starke und geruhsame Geist des Winters wieder da. Das Land deckt sich zu mit weißen Plumeaus und wird still, alle Geräusche sind weich und gedämpft. Jetzt schlafen die Bären und Dachse in ihren Höhlen. Im Fremdenzimmer über der Einfahrt, wo ich meine Schulstunden bekomme, prasseln die Scheiter laut im Ofen und die Melusine singt dazu. Auf den Fensterbrettern wachsen die Schneepolster. In den Pausen zwischen dem Lernen schaue ich hinunter auf die verschneite Hutweide, wo alles immer mehr in weiße Rundungen versinkt. Zwischen den dick fallenden Flocken sieht der Himmel bräunlich aus, Raben hocken still auf unseren Bäumen, vermummte Bauern fahren in Schlitten um Holz, die Rosenstöcke unter dem Fenster sind dick in Stroh verpackt. Wenn man durch die Einfahrt geht, hat der Zugwind kleine glatte Wächten aus feinstem trockenen Schneepulver unter dem Tor hereingeweht. Über dem weißen Dach des Stalls ist der Himmel dunkelrosa und hell steigt der Rauch aus den Kaminen den sinkenden Schneeschleiern entgegen. Im Hof draußen kracht unter dem Schnee die dünne Eisscheibe der gefrorenen Lacken, wie wenn man in eine Waffel beißt. Im Windfang klopfen wir den Schnee von unseren Jacken. Drinnen in den Zimmern ist ein neues Licht, eine wunderbare kräftige Laune verbreitet sich mit der Schneeluft überall.

Wenn es zu schneien aufgehört hat und der Frost über Nacht gut anzieht, dann wird der Teich der Hutweide zum Eislaufplatz hergerichtet. Kabinen aus Brettern werden aufgestellt, aus dem blechernen Rauchfang des kleinen Ofens, bei dem man sich wärmt, steigt der Rauch in schnellen Rauchwirbeln auf, der Eisplatz wird mit warmem Wasser begossen, um ihn ganz glatt zu machen, und die Lustbarkeit des Eislaufens beginnt. Die Damen aus dem Ort lassen sich von den Herren in kleinen Lehnsesseln auf Schlittenkufen herumfahren, die Zuschauer, in Decken verpackt, trinken Grog und

Punsch und bewundern die Kunstläufer, unter ihnen voran meinen Papa, die ihre Achter und Dreier auf das Eis zeichnen, das wie ein Glas unter dem Diamanten des Glasers knirscht – und Herr Hellgreen aus Schweden springt mit seinen modernen Schlittschuhen, die »Jackson« heißen und die wie die meines Papas mit den Schuhen fest verwachsen sind, in verwegenem Anlauf über zwei Fässer und eine Bank. Mit seinem hellblonden Schopf und den eleganten Breeches verkörpert er für mich das kalte Schweden–Norwegen, das Land, das wie ein Löwe aussieht und von wo Fridtjof Nansen ausgezogen ist, um in Nacht und Eis den Pol zu suchen.

Das Schönste aber, das der Winter bringen kann, ist ein großer Schneesturm, so einer wie damals, als ich geboren wurde. Wenn er zwischen den sich beugenden kahlen Weiden der Au – heulend wie ein Rudel von Wölfen – über die Hutweide herfegt, daß die Wanderer auf der Landstraße sich kaum halten können, wenn er Straßen, Gräben, Zäune verweht, die Gesichter mit eisigen Nadeln spickt und die Bärte zu weißem Moos vereist, dann fühlt man sich im Haus vor der Wut seines Anpralls so geborgen wie auf einem festen Schiff, das in dieser Welt aus Schnee überwintert. Dann kann es sein, daß man tagelang die Sonne nicht sieht und fühlt die große Freude der Polarfahrer, wenn sie groß und hellrot aus den milchigen Nebeln hervorkommt.

Frühling

Nun regnet es tagelang, der tauende Regen wäscht weiche Mulden in die weiße Decke, er frißt den Schnee. In der Nacht hört man Lawinen vom Dach rutschen. Die Zeit des Wassers und des großen Drecks ist da. Der

Wind rollt Wasserwirbel über die Dächer, aus schäumenden Dachrinnen stürzt der Wasserschwall in den Rinnstein, verschwindet wie ein Mahlstrom in den Öffnungen dunkler Kanäle – durch deren Gitter ich den tapferen Zinnsoldaten auf seiner mutigen Fahrt im Papierschiff begleite.

In einem Kotmeer versunken ist das Dorf, noch mehr als sonst eine Insel. Die Wagen, mit denen Papa auf die Felder fährt, kommen mit erschöpften Pferden und über und über mit kleinen Kotkugeln bedeckt zurück. Spazierengehen kann man jetzt – mit schweren Gummigaloschen an den Füßen, die oft im Kot steckenbleiben – nur dorthin, wo es Trottoirs gibt –, nicht in die Au oder den Park, sondern in das Dorf. Es ist die Zeit der großen Langeweile und der Ungeduld.

Wässerig kommt die Sonne. Farblos und nackt steht der Garten, in diesem ersten gelben Licht sind die Formen der Bäume schmerzlich hart. Aber wenn das Wasser verronnen ist – wie nach der Sintflut, und die Taube den Ölzweig bringt –, beginnt es stark und gut nach der erfrischten Erde zu riechen. Zum erstenmal ziehen wir unsere Winterjacken wieder aus und gehen, ihn wiederzuentdecken, in den Garten. An den Bäumen zeigen sich klebrige Knospen, und bald wird das erste Blühen beginnen. Zwischen trockenen Blättern und frischem grünen Gras kommen unter den krummen Zwetschkenbäumen stark duftende kleine Veilchen, im Hof leuchten die »Eierspeisbüsche« gelb, und weichrosa und mild blühen aus trockenem Holz die Zweige der »Weigelia«. Überall versuchen die Vögel zu singen.

Dann bricht an den Obstbäumen erst das wahre große Blühen und Duften aus: jede Art leuchtet in einem anderen Weiß, mit kleinen dicht gedrängten, mit größeren lockeren Blüten. Unter dem bleigrauen Aprilhimmel steht der große Birnbaum in einem Blütenmeer so festlich weiß wie in einem Hochzeitskleid. Seidiges langes Ostergras wächst, die laue Luft streichelt das Gesicht und durch viele Schleier von jungen kleinen Blättern und ersten Blüten werden der Garten und das Land wieder vielräumiger und reicher als im Winter.

Die ersten Schmetterlinge wehen wie schlaftrunken taumelnd zwischen den Bäumen und Büschen. Die Au hüllt sich in glänzendes Laub, die ersten Weidenpfeifen tönen klar. Eine große Sehnsucht kommt, und das Läuten der Glocken hört man oft nicht nur draußen, sondern wie in der eigenen Brust.

Jetzt kommt die Zeit des vorderen Gartens, wenn die Fliederbüsche schwer werden von ihren weithin duftenden violetten, lila und weißen Dolden und die Amsel ruft.

Der April ist *mein* Monat (»oh to be in England, now that's April there...«). Aber die schönste Pracht und Schönheit gehören dem Mai und dem Juni. Das Durchsichtige verschwindet, die Bäume füllen sich dicht und voll mit jungem Laub, auf dem noch kein Staub gelegen ist. Eine große Frische und Fülle ist überall. Tautropfen liegen auf dem Gras und den ersten Rosen, aber in den kühlen Morgenschatten der Kronen wartet schon die erste Hitze des Mittags. Die großen Kastanienbäume in der schattigen Allee vor dem Ort und im Park bestecken sich über und über mit kleinen Armleuchtern, die die zartesten rosa und weißen Blüten tragen. Die Bäume summen von Bienen und am Abend von Maikäfern. Zum erstenmal gehen wir ohne Blusen – in weißen und dunkelblauen Ruderleiberln – und mit Halbstrümpfen in den Garten, um nach den ersten Ananaserdbeeren zu sehen. Weit in den Maiwäldern ruft der Kuckuck.

Sommer

Im Juni ist das Land durchflutet vom Honigduft der Akazien und dem Gesang der Grillen. Das starke Rote kehrt wieder: es ist die Zeit von Rot und Grün. Die Musa kommt aus dem Glashaus, die feuerroten Cannas werden eingesetzt, die Pfingstrosen füllen sich und in tausend Rosenfarben blühen ohne Unterbrechung die Rosen an unseren Stöcken, an der Wand der Fremdenzimmer und im Rosengarten des Parks. Wir legen uns die ersten dunkelglänzenden Kirschenpaare um die Ohren. Schon in aller Frühe hört man vom Hof das klingende Klappern der kleinen Handmähmaschine, mit der der Gärtner die Rasenbeete schert wie die Lämmer, die auch jetzt geschoren werden. Im warmen Wehen des Mittags sind Linde, Rose und Heu.

Von früh ab sind im Hause alle Jalousien geschlossen: eine kühle grüne Dämmerung ist in allen Zimmern. Große Glasglocken, mit Essig gefüllt und mit einem Stück Zucker darunter, sollen uns vor den Fliegen bewahren. Draußen brütet die große belebende Sommerhitze, das Brennen der Sonne spürt man auf der Haut fast wie einen Druck. Immer wieder wird der Hof aufgespritzt, nur von großen Strohhüten geschützt kann man seine sengende Sandfläche, die unsere nackten Sohlen verbrennt, überschreiten. Im Garten kocht unter den Obstbäumen die Hitze und färbt die heißen Marillen. Am Vormittag ist der im Morgenschatten liegende Teil des Hofes, der Gang entlang den Zimmern mit seinen kühlen Fliesen und dem rauhen Kokosläufer unser Aufenthalt und die Veranda mit ihren Vorhängen unser Bungalow. Himbeerwasser und eisgekühltes Kristally-Viz erquickt uns. Und gerade nach Tisch, wenn über der staubigen Hutweide die weiße Hitze lastet wie ein glühender Stein, fahren wir mit Papa in die Weidenbüsche am Fluß baden, wo das Fließen des Wassers die Luft kühlt und bewegt und uns für kurze Zeit erfrischt. Oder wir tauchen immer und immer wieder in das warme grüne Wasser des großen Bottichs, auf den jetzt am Nachmittag der Stall seinen Schatten wirft, wälzen uns im Staub und verwandeln uns überhaupt in Mohren.

Wenn am Abend neben dem Eßtisch im Freien der dicke weiße Qualm aus dem Feuer steigt, das wir angezündet haben, um die Gelsenschwärme zu vertreiben, dann strahlen die weißen Mauern des Hauses wie die Wände eines Backofens, und riesig rot, wie eine Blutorange geht die Sonne in dem schwülen Staubdunst unter. In der heißen schwarzen Nacht sieht man es ferne wetterleuchten und träumt schwer.

Immer noch größer wird die Hitze, tagelang, vielleicht wochenlang fällt kein Tropfen Regen, die Erde im Hof bekommt große Risse, in der glühenden Sonne stehen die Bäume mit schlaffen Blättern, müde und schwer. Das Gras der Hutweide ist längst braun und wie verbrannt. Schneeige Sommerwolken wachsen im Azur wie majestätische Segelschiffe, die immer mehr Leinwand entfalten, ohne zu fahren, und lösen sich dann wieder auf in das weißliche Glühen des Mittags.

Dann kommt einmal der Tag, an dem der schwüle Dunst, der uns erstickt, sich im Westen zu einer kleinen bösartig aussehenden Wolke zusammenzieht. Ihr Drohen breitet sich aus und verfinstert schwefelig den Himmel, so daß in der Küche Licht angezündet werden muß. Große Angst ist in der bedrückten Welt. Dann fährt über Garten und Hof der erste Windstoß, wirbelt Blätter und Stroh auf und hebt den Sand des Hofs rauchend in die Luft. Schwalben flitzen irrend hin und her. Die großen schweren Bäume biegen sich knarrend, die ersten schweren Tropfen springen wie kleine Geysire in dem Staub auf, der erste Blitz zerreißt mit furchtbarem Krachen die finstere Stille. Eine Regenwand rauscht heran, schlägt das Laub von den Bäumen und wirft sich wütend auf alles. Blitz auf Blitz schlägt los, der Himmel zuckt rot und gelb, ununterbrochen rollt durcheinanderkrachender und dumpfer Donner.

Im Schutz der Einfahrt betrachten wir angstvoll und schaudernd gebannt die Gewalt des Regenorkans. Große Äste werden abgebrochen zu Boden geworfen, Vogelnester zerschmettert, und unvergeßlich ist uns jener Tag, als das furchtbarste aller Ungewitter den einen Ast des schönen gegabelten Nußbaums, der dikker war als ich selbst, brach und am Boden zerschlug. Wo einst seine Krone sich schloß, klafft noch heute im Garten eine Lücke, die uns weh tut. Wasser wird durch die geschlossenen Fenster gedrückt, der ganze Hof ist überschwemmt, nicht in einzelnen Tropfen, sondern in ungeteilter Masse stürzt die Flut vom Himmel, reißt in Sturzbächen den Abhang der Gärten auf, schwemmt Wege weg und verwüstet die Pflanzungen. Dann ist der Sturm zu Ende. Der Regen rauscht jetzt belebend, es tropft von den Bäumen, der Boden dampft und stark und frisch duftet die gereinigte Luft nach verjüngter Erde, Wasser und Grünem, über allen nassen Düften siegt der von Buchs. Mit nackten Füßen und aufgekrempelter Hose, Papa in seinen Stiefeln, waten wir durch den Garten und schauen uns an, was alles geschehen ist. Draußen wird die Drau noch tagelang ganze Bäume, totes Vieh und Hausrat in ihren trüben Wassermassen mit sich fortwälzen.

Die große Hitze des Sommers ist gebrochen, noch ist die
Sonne heiß und stark, aber das Brennen hat aufgehört.
Auf den Stoppelfeldern türmen sich die Tristen und
über die Ebene geht der Wind. Still halten die Bäume
ihr verdorrtes und dünneres Laub. Die Morgen sind
schon oft herbstlich frisch, in der Luft hängen manchmal kühle blaue Schatten und ein dunkles Glänzen.
Seidige Fäden segeln durch den ausruhenden Garten,
im klaren Licht leuchten stark die Sonnenblumen und
die letzten Rosen. Im Laub der Büsche warten Brombeeren und Haselnüsse. Eine große Ruhe ist innen und
außen eingezogen.

Unter den Bäumen im Obstgarten liegt ein leichter
Nebeldunst. Im kühlen Tau des Grases findet man in
der Früh leuchtende Äpfel und Birnen. In den rascheln-
den Blätterhaufen unter den Nußbäumen suchen wir
die ersten Nüsse: In ihrer dicken grünen Schale, dem
genarbten Holz und den weißen ohrenförmigen Kernen
ist der Herbst eingefangen, wie in den Weinblättern, auf
denen jetzt das Obst angerichtet wird. In den Alleen
springen die Roßkastanien aus ihrer stacheligen Schale,
seidig glänzend wie das Fell gestriegelter Pferde. Der
Nebeldunst riecht nach Nußschalen, nach Most, Dünger und Holzrauch.

Das ist die Zeit der großen Spaziergänge und der
Märchen. Rückwärts an den Gärten des Dorfes vorbei,
entlang dem Abhang über der Au zieht ein schmaler
verborgener Weg zwischen efeudurchwachsenen
Büschen mit Weinscharl und Hagebutten. In seinen
Mulden watet man knietief in Polstern aus weichem
Herbstlaub. Pfaffenkapperln springen aus ihren kardi-
nalsroten Mänteln. Die Gärten und Auwälder werden
durchsichtig, in den Bäumen werden die Nester der

Vögel und die Misteln sichtbar. Die Luft ist voll von schattigen Farben, weit hört man das Hämmern der Spechte und den Ruf der Wildgänse, die mit Nils Holgerson am Rücken vor dem Winter nach Süden zu den Pyramiden fliegen. Auf den Feldern brennen überall die Kartoffelfeuer. An Nebelabenden fressen drachenförmige Wolken mit blutigen Mäulern das trübe Horn des Mondes.

Milchige Nebel steigen aus dem Fluß, fließen in unsere Gärten und bleiben oft bis Mittag. Sie verengen die Welt auf die Weite eines Zimmers, in dem alles »heimlich« ist, alles »innen«, und überraschend wie nie gesehen, tauchen daraus sanft leuchtend die altbekannten Dinge hervor wie auf chinesischen Bildern.

Der Regen peitscht die Blätter von den Bäumen und rinnt an den Fensterscheiben herunter. Schwarz vor Nässe sind die Stämme, durchnäßte Vögel hocken jämmerlich im Geäst, die Hutweide füllt sich mit dem Geschrei der Krähen. In der Holzhütte wird eifrig Holz gesägt und gehackt, zum erstenmal brennt wieder Feuer im rauchenden Ofen des Schulzimmers. Viele Büsche sind schon fast kahl und auf den Blättern der Weiden, die noch nicht ihre Farbe eingebüßt haben, liegt ein Schimmer wie von Eis. Bald wird der erste Reif sich auf die Wiesen legen. In den finsteren Nächten ruft warnend der Uhu, der Nordsturm wirft Sterne vom Himmel, die mit feurigem Schweif in die schwarzen Wälder fallen.

Wiederkehr des Winters

Heuer kommt der Winter ganz anders als voriges Jahr, mit großer Pracht und vielen Vorboten. Der dunkle Himmel verspricht den ersten Schnee. Aber nur leise fängt es zu schneien an. Das braune Land wird zart angezuckert wie eine Torte. Am Morgen sieht man auf Rasen, Wegen und Dächern in dem Weiß fein gezeichnet die Spuren von vielerlei Tieren und Vögeln, die zu unserem Haus kommen und in dem großen Frost nach Futter suchen. Wir frieren sogar in den dicksten Jacken und wärmen uns die Hände an heißen Erdäpfeln und Maroni, die wir in unsere Taschen stecken.

Dann ist in der Früh mit einem Male das Zauberkunststück des Winters, der große Rauhreif, da, macht das Dunkle hell und das Helle dunkel, wie auf den Negativen von Papas Filmen. Verzaubert sind die Büsche in weiße Korallenriffe, die Bäume in polarische Baumwunder, die Grashalme sind schneerne Königskerzen und die Telefondrähte weiße Taue auf einem im Eismeer verankerten Schiff. Die herrliche frische Luft macht das Blut röter.

Und jetzt erst geht das große Schneien los. Tagelang fallen dicke weiche Flocken wie Flaumfedern aus Plumeaus. Zaunpfosten, Rauchfänge und Fässer setzen hohe Pelzmützen und Kronen auf, Polster liegen auf den Geländern und Boas aus Schnee auf den Büschen. Ausgeschaufelte Wege decken sich gleich wieder weich zu. Wo der Schnee auf dem Dunkelgrün der Tanne

glitzert, die jetzt an Stelle der sommerlichen Musa eingesetzt ist, verspricht er schon den Christbaum. Das ist
der wahre Schnee: der Schnee für die Schneebälle, den
Schneemann und für die Lustbarkeit der Schlittenfahrt.

Dann warten wir ungeduldig auf den großen Tag, an
dem der Schlitten angespannt wird. Seine vorne hoch
aufgeschweiften Kufen glänzen mit feinen gelben Streifen, wie japanischer Lack. Wir versinken weich in die
gewärmten Pelzfußsäcke, Pelzmützen und Muffs, über
alle Verpackungen wird noch die tiefrote Decke aus
geschorenem Samt gebreitet, so prächtig und dreikö-
nigsmäßig, als stünde rückwärts auf unserem Schlitten
ein beturbanter Mohrenknabe. Unter dem Vorhang
großer Eiszapfen holpern wir über den Boden der Einfahrt und gleiten umhüllt von dem duftenden Dampf
der Pferde und feinen Klingeln der Schlittenglocken –
denen überall in der Ferne andere antworten – hinaus in
das Schneereich des Winters, irgendwohin, ohne Ziel,
aber sicherlich auf Weihnachten zu.

Feste

Am Morgen des Sonntags und der großen Feiertage klingen die Glocken der Kirchen rings aus dem Lande ganz anders als an den Wochentagen: Von viel ferner her und rein, wie vor einem großen Regen, tönen sie über die ruhenden Gärten und Felder. An ihrem Läuten hört man die Stille im Lande. Die Arbeit ruht überall: In jedem Zimmer, im Garten und Hof, sogar in den Ställen, in den Kleidern der Leute und in ihren Bewegungen, am Frühstückstisch und in unseren weißen gestärkten Matrosenblusen ist die strahlende Ruhe des Feiertags. Am Nachmittag kann sie leicht in Langeweile und unerklärlichen Schmerz umschlagen, aber jetzt in der Frühe ist sie voll großer Kraft, Freude und Frieden.

Aber niemals klingen die Glocken bewegender als am Ostersonntagmorgen, nach ihrer Rückkehr aus Rom, wohin sie am Palmsonntag geflogen sind. Eine Woche lang haben wir mit ohrenzerschmetterndem Ratschen die Stunden angezeigt. Jetzt tönen sie in der weichen Luft des Frühlings, und besonders an trüben Tagen, wenn vor dem grauen Himmel die ganz in weiße Blüten gehüllten Bäume süß duftend von innen heraus leuchten wie Altäre, ist ihr Klang doppelt tief und weich und wenn sie schon aufgehört haben zu läuten, hallt es noch lange nach.

Mächtig haben sie am Karsamstag-Abend, als sie zum erstenmal wieder ertönten, zur Auferstehung gerufen – wie sonst nur zu einem Begräbnis. Dieser Abend umhüllt das geheimnisvollste Fest des ganzen Jahres.

Geheimnisvoll ist es schon, daß die Feier des Auferste-
hens sich vor der Nacht vollzieht, denn in der
Geschichte der Bibel gehen die Frauen am Ostermorgen an das Grab und finden den Engel, dessen Gewän-
der leuchteten wie frisch gefallener Schnee, und den
Mann, der wie ein Gärtner aussah, und so habe ich mir
vorgestellt, daß beim Aufgehen der Sonne der steinerne
Deckel mit großem Dröhnen vom Sarg gesprungen ist.
Jetzt aber ist es Abend. In der sinkenden Dämmerung
flackern die Kerzen der Prozession – in der ich getrennt
von Mama und Papa mit den anderen Kindern gehe – in
der lauen Luft und im zwielichtigen Halbdunkel erscheint mir die bleiche Stirnwand der Kirche, einge-
rahmt von dem tiefvioletten Abend so unmeßbar hoch,
fremd und weit wie die des Tempels in Jerusalem.
Gestern noch standen vor dem heiligen Grab in der
Kirche zwei wirkliche Soldaten in Uniform Wache, so
still und starr, daß ich sie für bemalte Holzfiguren
gehalten hatte und im Innersten erschrecken mußte, als
ich mit einemmal fühlte, daß sie lebendig sind. Jetzt ist
das von Bergen von Blumen umgebene Grab *leer*.
Geheimnisvoll ist auch der Zusammenhang des Auf-
erstehungsfestes mit dem Besuch des Osterhasen. Der
Zusammenhang geht für mich irgendwo über die Palmkatzerln, die sich so weich und pelzig anfühlen, wie
sicherlich das Fell des Osterhasen; und wieder ist es
unverständlich, aber schön, daß die Palmkatzerln, die
an den Weiden der Au wachsen, nach den Palmen
heißen, die man beim Einzug in Jerusalem gestreut hat.
Bei uns gehört der frühe Ostermorgen noch der Mes-
se – da werden Eier, Kuchen und Wasser geweiht –,
aber der Rest des Morgens schon ganz dem Osterhasen.
Das Einzigartige ist, daß die Geschenke, die *er* bringt –
nur seine – nicht auf Gabentischen liegen wie zu Weihnachten oder am Geburtstag, sondern im Freien, in

Nestern im Gebüsch, unter den Bäumen, überall im Hellgrün der Gärten, im jungen Gras – und nur wenn es regnet, legt er sie in die Veranda, in den Holzstall oder gar ins Stroh bei den Pferden, und jedes Jahr an immer neue, erstaunliche Plätze. Bunte Eier sind überall dabei – in vielen roten und rosa Farben, auch blaue und gelbe, aber niemals grüne, denn grüne Ostereier gibt es nicht –, dann auch große künstliche Eier aus feinem Pappendeckel, der mit farbiger Seide überzogen ist, und immer irgendein Spielzeug für die freie Luft: Gießkanne, Schaufel und Sandgitter, auch kleine Brunnen, Pumpen und Wasserspritzen – und nur einmal (ich wagte es kaum zu glauben, als ich seine Pracht im seidigen Gras erblickte) ein schwerer dreistöckiger Ankersteinbaukasten. Den Osterhasen aber habe ich wirklich gesehen wie er aus dem rückwärtigen Garten hinausschlüpfte. Furchtbar zu denken, daß er aus Versehen erschossen werden könnte, aber er ist gegen Kugeln gefeit.

Von Fest zu Fest spannt sich das Jahr aus: nach Weihnachten neigt es sich Ostern zu, nach Ostern den großen Ferien entgegen und nach den Ferien wieder zu Weihnachten hin. Dazwischen liegen ganz unregelmäßig verstreut wie die Sternbilder zwischen Sonne, Mond und Erde die kleineren Feste. In der Zeit zwischen Weihnachten und Ostern kommen die Feste mit den schönsten Namen: »Heilige Drei Könige« – aus dessen Namen die ganze Pracht des Morgenlandes glänzt – gehört noch, als ihr Abschluß, zur Weihnachtszeit; »Maria Lichtmeß« und »Maria Verkündigung« (»kommen die Schwalben wiederum«) und dann die Reihe der »Hyazinthen«-Sonntage mit den schön und sonderbar klingenden Titeln, die mit dem Besuch der Schnepfen verbunden sind: Reminiscere, Oculi, Laetare, Judica, Quasimodogeniti, Palmarum. Sonst ist von ihnen wenig zu berichten. Aber in einem Sternbild frühsommerlicher

Feste – bestehend aus Pfingsten, Fronleichnam und Christi Himmelfahrt – liegt ein Tag von großem Glanz und feierlicher Glorie, sicherlich das größte Fest nach Weihnachten und Ostern, viel farbiger als das etwas farblose Pfingsten, an dem die Erzählung von den brausenden Feuerzungen das Schönste ist: »Fronleichnam«. Es hat nicht das Geheimnisvolle und Zweigesichtige von Karsamstag – Ostersonntag; geheimnisvoll ist nur sein unverständlicher Name: »Froher Leichnam«. Aber es umschließt in sich das Festliche schlechthin: Die Musik schon in aller Frühe, Fahnen, Girlanden, weißgekleidete Mädchen mit Kränzen im offenen Haar, die vielen bunten, gestärkten, wippenden Röcke der Bäuerinnen, Altäre im Grünen und auf der Straße, sonntäglichen Staub, gestreute Blumen und frisches Gras, und als Höhepunkt über Gesang und Glockengeläute die Salve aus den Gewehren der Soldaten. Gleichsam ein Nachzügler davon und ihm an Fülle des Festlichen sehr ähnlich, ist mitten in den Ferien Kaisers Geburtstag, dem aber als besondere Auszeichnung und Verweltlichung eine Fortsetzung des Festes in die Nacht hinein zukommt: wenn – wie sonst nur am Karsamstag, aber im tiefen Dunkel der Augustnacht ganz anders leuchtend – zur »Illumination« viele Kerzen in allen Fenstern stehen und in den »Anlagen« am Dorfplatz beim Schein chinesischer Lampions aus gefaltetem Papier Burschen und Mädeln im Dunkeln lachen und singen. In diesen Festen ist der ganze Sommer, so wie im Weihnachtsfest der Winter und in Ostern das Frühjahr, und wenn es sie nicht gäbe, würde auch den Jahreszeiten etwas fehlen. Und so ist in »Allerseelen« mit seinem todtraurigen trüben Namen die Trauer des kahlen Herbstes.

Es ist das einzige traurige Fest des Jahres, an dem oft der Regen rinnt, an dem zwischen kahlen schwarzen

Bäumen und schwarzgekleideten Menschen auf den Gräbern des Friedhofs zahllose Flämmchen flackern und die Astern – die ich so gar nicht mag – beklemmend duften. Es erinnert mich an den Tag, als wir in unserem schönen Wagen meinen zweiten, erst acht Tage alten Bruder auf den Friedhof brachten – ein Tag, der so trüb und traurig war und doch sehr stolz für mich, weil ich allein Papa dorthin begleiten durfte.

Dazu gehört für mich das alte, schwer schleppende Kirchenlied, das gar keinen richtigen Schluß hat und das man im Advent an dunklen Wintermorgen in der kalten Kirche, wo man den Hauch vor dem Mund sieht, singt: »Oh Heiland reiß die Himmel auf / herab, herab im *Regen* lauf! / Brich Schloß und Riegel / tritt hervor / oh Heiland aus des Himmels Tor!« Darin ist die Trauer, das Dunkel und das Erwartungsvolle des Advents – aber nicht seine Freude. Es ist noch alles dunkel wie die Wintermorgen in der Kirche, wenn das Lied gesungen wird, dunkel wie die kahlen Gänge bei den Nonnen in unserem kleinen Kloster, wo ich Klavierstunden nehme, – und nur ganz klein scheint das »ewige Licht« in der Finsternis.

Aber wunderbar warm und licht, wie nur am Weihnachtsbaum, strahlen die Kerzen an meinem Geburtstagsmorgen und ihr Wachsduft verbindet sich mit dem herrlichen Duft der dunkelbraun übergossenen und mit halben Nüssen belegten Schokoladetorte, und spiegelt sich auf den Geschenken. Wie zum Trost dafür, daß die »fröhliche, selige, gnadenbringende Weihnachtszeit« zu Ende ist, kommt mein Geburtstag in der Mitte des Januars, nach Papas Namenstag und fällt in geheimnisvoller Weise mit dem meines zweiten Bruders zusammen.

Der Jahrmarkt

Am Morgen des Jahrmarkt-Tages ist die gewohnte Hut-weide ganz und gar verwandelt: sie ist friedliches Heer-lager, Festplatz und »Prater« zugleich. Über Nacht sind Zelte und Buden und Sonnendächer gewachsen, Straßen und Gassen deuten sich an, wie in großen Beeten breiten sich verschiedenfarbige Waren am Boden aus, und bald ist jeder freie Platz dazwischen angefüllt von dem Gewühl der sich durcheinanderschiebenden Menschen. Schon jetzt am frühen Morgen wird überall für den großen Mittagsschmaus gekocht, gesotten, gebraten und gebacken, und zugleich mit dem Rauch steigt ein festlicher, an- und abschwellender Lärm, der keinen Augenblick aufhört und etwas angenehm Belebendes hat, zu uns herauf. Von dem schattigen oberen Weg unseres Gartens kann man alles übersehen, was da vorgeht, und das Durcheinanderwallen der Leute, in deren Trachten die weiße Farbe vorherrscht, ist von hier oben so lustig anzusehen wie das Sieden und Schäumen der Milch in einem großen Kessel. Und irgendwie erin-nert mich das Ganze in seiner Stimmung an das Bild der Mannalese in meiner biblischen Geschichte.

Schon am Vorabend und dem Abend vor ihm sind die vielen, vielen Wagen gekommen, die jetzt, in langen Reihen nebeneinander, mit ihren halbrunden Sonnen-dächern den Platz säumen oder als förmliche kleine Wagenburgen aus der Brandung hervorragen. Die ganze Nacht hat man sie auf der unteren Straße unter unseren offenen Fenstern heranknarren gehört und vom Krähen der Hähne an war die ganze Straße eine einzige Prozession von Fahrzeugen, die dem Marktplatz zustreben. Weither kommen viele von ihnen: aus den Bergen im Süden, der Lyka Krbava, aus Syrmien, Kroatien, Bosnien, ja manche sogar aus der Herzegowina. Je weiter her sie kommen, um so früher sind sie da, um sich die besten Plätze zu sichern. Am unteren Zaun unseres Gartens, im Schatten der großen Nußbäume, haben die weither Gekommenen ihr Lager. Tagelang waren sie auf den staubigen Landstraßen unterwegs, und man sieht es ihnen an. Hier sieht man alle Trachten des Landes nebeneinander: die Mütze des Schokazen, den dunkelroten Fez der Bosniaken und die kleinen halbrunden Filzkappen der Leute aus der Crna Hora, ja sogar – zu meinem großen Entzücken – einen wahrhaftigen Turban. Den trägt zu einer breiten Schärpe, schwarzen Hosen mit Hängeboden und mokassinartigen Lederschuhen ein alter großer Mann, mit nußbraunem mürrischen Gesicht, den ich schon kenne. Jedes Jahr steht sein großer Wagen an der gleichen Stelle unseres Zauns, hinter den Fliederbüschen. In eigentümlichen Kisten und Koffern führt er seine Ware, allerhand ziselierte Gegenstände aus Messing, mit sich. Dank seinem Turban schwebt darum etwas von dem Geheimnis der Schätze aus »Tausendundeiner Nacht«.

Bald steht am Zaun Wagen an Wagen, jeder ein kleines Zelt auf Rädern, die Pferde werden ausgespannt, gefüttert und getränkt und grasen dann angepflockt oder mit gekoppelten Vorderbeinen; Kisten und Ballen werden ausgeladen, ein guter Platz für das Zeigen der Dinge hergerichtet und Feuer angezündet. Um den Ziehbrunnen der Hutweide drängen sich die Leute, die Wasser holen. Mit jedem neuen Wagen verwandelt sich die vertraute Ebene immer mehr, so daß ihr Raum nichts Alltägliches mehr hat. Wenn die Dämmerung aus der Au gekrochen kommt, zieht der Rauch der vielen Feuer bis in unseren Garten, dann leuchtet und glüht es überall in der tiefen Dunkelheit wie in einer Johannisnacht und unvermutet hebt eine auflodernde Glut Gesichter und Figuren rot leuchtend aus dem Dunkel, läßt große Schatten tanzen und verschwinden. Aus dem Schwarz der Nacht kommt überall her leise Musik: das Klimpern einer Gusla, die kleinen Akkorde einer Ziehharmonika begleiten fremde traurige Gesänge, die Sehnsucht nach einer Heimat in ferner Gegend wecken.

Dem Jahrmarktstag ist ein herrliches Wetter ebenso gewiß wie Kaisers Geburtstag. Ich kann mich nicht erinnern, an diesem Tag auch nur einmal einen trüben Himmel gesehen zu haben. Eine belebende frische Hitze ist schon in dem strahlenden Morgen. Der Himmel ist glatt wie ein lichtdurchflutetes Sonnensegel. Ich bin voll Ungeduld, das ganze Treiben in der Nähe zu sehen. Wenn man aus dem kühlen Schatten unserer Einfahrt heraustritt, liegt die Sonne blendendweiß auf der Gartenmauer, und an den flachen geneigten Ziegelstufen hinunter zum Drehkreuz duftet es heiß nach Kamillen. Dieses Drehkreuz aus Holz, das am Alltag die Kühe der Weide davon abhält, vor unseren Fenstern zu promenieren, ist heute das Tor zu dieser ländlichen Ausstellung. Hier durchzugehen ist, als ob man in ein schäumendes warmes Bad steigen würde. Dieselbe Stimmung der Unternehmungslust und Geöffnetheit steigt in einem hoch, die mich später ergreifen wird, wenn ich am ersten Morgen in einer fremden südlichen Stadt die Glastüre des Hotels drehe, um in den Sonnenschein und das Gewimmel der Straße einzutauchen. Der Trubel des Markts hüllt uns nach wenigen Schritten ein, und bald bin ich von Mama, die Janosch in seiner schönsten Livree begleitet, um in einem eleganten Korb die Einkäufe heimzubringen, getrennt. Aber hier kann man nicht verlorengehen und die vielen unbekannten Leute erscheinen mir gar nicht fremd, auch wenn ich ihre Sprachen nicht verstehe. Wie Harun al Raschid bewege ich mich unter ihnen, als wäre eine Tarnkappe über mir. Nur die Richtung ist bald verloren, der Strom dreht einen bald dahin, bald dorthin, treibt uns in stillere Winkel, und plötzlich sieht man an einer ganz anderen Stelle als man es erwartet hätte unser Haus oben über den Zelten auftauchen oder Mamas kirschroten Sonnenschirm wie eine Boje über der Dünung leuchten. Dieses ungefährliche Verirren und Gedrehtwerden erzeugt einen angenehmen leichten Schwindel, ähnlich, nur gedämpfter, wie das Ringelspiel selbst, das am Rande des Marktes neben einigen Schießbuden, seine Gespanne mit Hirschen, Löwen, Pferden und Meerjungfrauen unter dem flachen weißen Dach mit den Fahnen kreisen läßt.

Unendliches gibt es überall zu sehen: in unzählbaren Reihen, regelmäßig wie Ackerfurchen, stehen da die braunglasierten und graublauen Tongeschirre jeder Form von den größten bis zu den kleinsten, daneben breiten sich glattgeriebene Holzwaren aus: Tröge, Schaffeln, Quirle und Kochlöffel, Nudelwalker, Siebe und Holzschuhe, dann rot- und weißgesticktes Leinen, das man aus Bosnien bringt, lederne Sandalen und Paputschen, Schuhe, Geschirr, Riemzeug und Peitschen. In den Buden gibt es allerlei Getränke, darunter den sagenhaften Met, rosa Zuckerstangen und solche, die braun und gelb gesprenkelt sind wie Marmor, Lebkuchenherzen mit weißem und rosa Überguß, geschmückt mit Spiegeln, Husaren aus gepreßtem Karton oder Sprüchen. In anderen hängt allerlei Spielzeug: Reifen, Trompeten und Trommeln, farbige Windräder aus Glanzpapier, an dünnen Holzstäben zu tragen, Kapselpistolen, Pfeifen und Kreisel – lauter Dinge, die selbst dem Geiste des Marktes verwandt sind.

Aber so schön dieses ganze Spektakel auch ist, anziehender als alles, was es zu sehen gibt, ist die prickelnde Stimmung, die sich allem mitteilt und uns selbst mitzieht. In diesem Gaffen und Feilschen, in dem Lärm, der über uns hinwegrollt wie die Wellen einer lauen Brandung, in diesem Lachen und Rufen, Sichverlieren und Wiederbegegnen, in dem Drehen und Gedrehtwerden, ist fröhlicher und bezwingender als in manchem Karneval ein Wesen, dessen Namen ich heute kenne: der Geist der Komödie, der Posse. Hier ist die wahre Heimat der Figuren der Komödie, der Taschendiebe und Bauernfänger, der dörflichen Galane und Verliebten, aller Possenreißer und des Witzes. Und heute wundere ich mich, daß noch kein Lustspiel seit Ben Jonsons »Bartholomew fair« den Markt selbst in seinem Wirbeln und Würfeln zum eigentlichen Helden eines Spiels gemacht hat. In den großen Ausstellungen, besonders in der Zeit vor 1914 – die ja auch nichts anderes als aufgewertete Jahrmärkte waren – ist mir äußerlich reicher, aber auch um ebensoviel bürgerlich gedämpfter diese Atmosphäre wieder begegnet.

Gegen Mittag zu wird das Gedränge immer größer. Aber bevor es noch seinen Höhepunkt erreicht hat, das Leichte verliert und vulgär wird, verlassen wir die zertrampelte Wiese.

Der Mittag fällt wie eine Ermattung über den Markt. Nur einige Ausdauernde glauben jetzt noch ihre Geschäfte machen zu können. Die meisten haben sich unter den Sonnensegeln und in den Zelten niedergelassen und zeigen, daß es auch bei uns in Miholjac noch Leute gibt, die wissen, wie man ein Fest zu begehen hat. Käufer und Verkäufer besiegeln hier ihre Geschäfte. Die großen gebratenen Fleischberge verschwinden von den Spießen, Bier und Wein fließen dahin, Körbe von Brezeln und Semmeln leeren sich im Handumdrehen. Das Tempo wird träger und nähert sich dem Schlaraffischen. Nach dem Essen bilden die Jungen große Ringe von Tanzenden, die zu der dünnen, eintönigen Melodie des Dudelsacks langsam wie Schlaftrunkene in großen Kreisen ihren »Kolo« von rechts nach links und wieder von links nach rechts stampfen.

Am frühen Nachmittag löst sich das Fest auf. Nur wenige späte Käufer gehen noch hin und her und mustern den Ausverkauf der billigen Reste, die ersten Zelte werden schon abgebrochen, es beginnt stellenweise wüst zuzugehen, wie am Ende eines Gastmahls, Müdigkeit, Überdruß und Lärm sind der Rest. Der Tross zieht ab, Betrunkene torkeln heim, die Gendarmerie kommt zu Wort – über die sich leerende Wiese breitet sich der Katzenjammer. Einige Tage treibt der Wind noch Mengen von Papier, Stroh, Heu und Abfälle aller Art über das Brachfeld, bis eines Tages ein lauer Regen kommt und alles wegschwemmt.

Der Circus

Verkehrte Welt

Wann der Circus kommt, weiß man nicht. Unvermutet ist er in dem gleichmäßigen Gang der Tage da; wie ein Meteor unter den gewohnten Sternen zieht er alle Aufmerksamkeit auf sich und ist dann so plötzlich wieder fort, wie er gekommen ist, man weiß nicht wohin.

Es wird schon dunkel, wenn wir in den Circus fahren, der auf dem großen Platz in der Mitte unseres Ortes sein riesiges graues Zelt aufgeschlagen hat. Diese abendliche Ausfahrt hat an sich etwas Erregendes, denn es kommt kaum vor, daß wir um diese Zeit noch in den Wagen steigen, außer wenn wir einmal Mama von einer weiten Reise am Bahnhof abholen dürfen, und das ist aufregend genug. Ein Teil der Erregung kommt aber aus dem geheimnisvollen Wesen des Circus selbst – ich fröstle halb vor unterdrücktem Schlaf und halb vor Erwartung.

Denn ich bin schon einmal im Circus gewesen und weiß, daß dort alles anders ist als in unserem Leben: da gibt es die sonderbarsten Geschöpfe, die es im Leben gar nicht geben kann, aneinandergewachsene Menschen, die man siamesische Zwillinge nennt, und die mir ebensolches geheimes Grausen einflößen wie die scheußliche Dame mit dem schwarzen Vollbart, für die man sich schämt. Im Circus tun die Menschen die sonderbarsten verkehrtesten Dinge: da ist einer, der trinkt Petroleum, schluckt einen Docht, zündet den an, setzt einen Lampenzylinder auf seinen Mund, als wäre sein Kopf eine Lampe. Ein anderer verspeist ein paar

Dutzend Nähnadeln und eine Spule Zwirn, fädelt die Nadeln in seinem Bauch auf den Faden und zieht sie dann, fein säuberlich aufgereiht, wieder aus dem Mund. Alle, Menschen und Tiere, tun da etwas anderes als ihre Art ist: Menschen fliegen durch die Luft wie Hexen oder Kanonenkugeln, Hunde müssen seiltanzen, Löwen auf Pferden reiten oder durch feurige Reifen springen, und die lieben, gutmütigen Seehunde – denen ich so gerne ihren runden Kopf streicheln möchte – müssen gar mit brennenden Lampen jonglieren. Denen zuzuschauen ist freilich auch lustig, sie tun es so, als ob es ihnen Spaß machen würde, aber das meiste, was man da sehen kann, ist eher gruselig als lustig. Ein Mann läßt sich in eine eiserne Kugel mit vielen kleinen Löchern sperren und dann rollt die Kugel wie von selbst eine gewundene Bahn aus Eisen hoch hinauf; oben öffnet sie sich mit vielen Fähnchen und der Mann zeigt sich, bedeckt mit lauter großen Schweißperlen, so daß er mir sehr leid tut. Zwei riesige Leitern aus Holz, genauso wie unsere Gartenleitern, nur viel, viel länger, werden bis in die Kuppel des Zelts hinauf aneinandergelegt. Die laute Musik verstummt, ein langer Trommelwirbel rollt einem durchs Mark, und in der tödlichen Stille jagt eine bleiche Gestalt in schwarzem Trikot auf einem Fahrrad über die Todesbahn hinunter. Und doch steckt in der Furcht auch etwas zauberhaft Bannendes, so daß man nicht wegschauen kann, wie wenn eine Schlange uns plötzlich aus dem hohen Grase anzüngelt.

Um das Zelt, das in der fallenden heißen Nacht noch unermeßlicher aussieht, hängt in Schwaden der Staub, den die vielen Besucher aufgewirbelt haben. Fackeln beleuchten mit dunkelrotem Schwelen den Eingang, wenn sie in einem kleinen Windstoß plötzlich aufzüngeln, fürchte ich, sie könnten den ganzen Bau in Brand setzen. Aus den Wagengassen, die das Rundzelt verwirrend umgeben, kommen fremde Geräusche: das Klirren von Gittern, das Fauchen und heisere Knurren unbekannter gefährlicher Tiere oder ein wilder kehliger Schrei, von dem man nicht weiß, was er bedeutet. Das Gedränge, in dem ich Mama und Papa zu verlieren fürchte, treibt uns dem Eingang zu. Man ist in Gefahr, über die vielen Stricke und Pflöcke zu stolpern, die das Zelt verspannen. Es riecht nach zertretenem Gras und Staub, nach Sackleinwand und wilden Tieren. In dem dunkelblauen Nachtdunst flammt auf einmal mit bösem Zischen ein fremdes hellviolettes Licht auf, den Augen schmerzend, und badet das Zelt in grellem Glanz.

Am Eingang zum Inneren, unter den schreienden großen Bildern erwarten einen nicht geheuere Gestalten. Männer mit Messern und Pistolen im Gürtel der gefransten Hose, Stallmeister mit langen Peitschen und gelben Stulpen an den schwarzen Lackstiefeln, eine Dame in einem über und über mit glänzenden Steinen glitzernden Trikot, mit einem Gesicht wie aus Porzellan. Alle sehen aus, als wären es lebendig gewordene Wachsfiguren. Hinter den schweren roten Vorhängen riecht es staubig nach Sägespänen und Löwenfell, und wenn sie sich hinter uns schließen, ist man wie gefangen.

Lange kann ich von allem, was ich sehe, nichts wirklich erfassen, und wenn wir unsere Plätze erreicht haben, muß Mama mir viermal sagen, daß ich mich niedersetzen soll. Das grelle Licht, das aus den Lampen hoch oben in die leere kreisrunde Mitte fällt, tut den Augen weh, die lauten Trompeten und Tschinellen der Musik, das Knallen der Peitschen und die jähen Rufe betäuben die Ohren. Vieles geht überall zugleich vor, das ich nicht verstehen kann, und bis ich Papa gefragt habe, ist alles schon wieder vorüber. Ich verstehe nicht, was die Clowns machen, die jetzt gerade da unten ihr Wesen treiben; ich weiß, daß sie lustig sind und man über sie lachen soll, aber mit ihren mehligen Gesichtern, ihren verwachsenen Gestalten und ihrem Geschrei kommen sie mir eigentlich gruselig und fremd vor. Und nur wenn die ganze Menge im Circus wie aus einem Mund laut auflacht, muß auch ich plötzlich mitlachen, als ob in mir noch ein anderer stecken würde.

Riesengroß ist das dämmernde Rund des Zeltes und unheimlich hoch sein hängendes Dach. Ein Wald schiefer Stangen stützt die graue Masse und erregt in mir die Furcht, ein starker Windstoß könnte alles über uns umwerfen. Und unheimlich wie über uns, wo in der Spitze des Zelts glitzernd die gefährlichsten Geräte hängen, ist es auch unter uns: da gähnen unter dem leichten Bretterbau, auf dem die viel zu vielen Menschen sitzen, schwarze Spalte. In einen solchen ist einmal Mamas Schirm gefallen. Die Menge macht mir Angst, viel zu eng sitzt sie gedrängt, Kopf an Kopf, und so fremd ist in ihr der einzelne, daß es mir schwer fällt, die bekanntesten Gesichter aus dem Ort zu erkennen. Wenn in diese Menge jetzt die Löwen einbrechen würden, würde sie uns alle zertrampeln.

Durch die höchsten Spitzen des Zelts sind soeben von einem schwingenden Trapez zum andern wie Federbälle – lila, silbern und blau – die Menschen durch die Luft geflogen. Jetzt rutschen sie rasch das lange Seil herunter oder lassen sich von hoch oben in die großen Netze fallen. Das gefällt mir, denn es erinnert mich an das abendliche Gefühl, in die großen Betten von Mama und Papa zu springen und sich von der gefederten Matratze hochwerfen zu lassen. Jetzt brausen Sechsergespanne von glänzenden, dunkelbraunen Pferden in wunderschönen Geschirren um das mit rotem Plüsch eingefaßte Rund: Auf ihrem Rücken stehen in hochroten und meergrünen Gewändern Männer, die sie lenken. Die Pferde sind das Schönste und das Vertrauteste. Sie werfen mit feurigem Schnauben Sand zu unseren Sitzen her. Die Musik spielt einen plötzlichen Tusch und schon ist alles wieder vorbei. Und etwas Neues beginnt, die Lichter in der Kuppel sind verdunkelt und im dämmrigen Sand der Arena lagern neben einem Plachenwagen Männer und Frauen mit großen Hüten und Gewehren um ein Lagerfeuer, Auswanderer sind es vielleicht oder Schmuggler – unermeßlich kommt mir plötzlich die sandige Bahn der Arena vor, durch die sie mit ihrem Wagen weither gezogen sind. Ein Luftstoß bewegt das Feuer und plötzlich flammt es viel zu hoch auf, eine riesige Flamme steigt züngelnd zu den Masten des Zelts – die Menge antwortet mit einem erstickten Geschrei. Die Flamme sinkt wieder zusammen, aber schon zeigt sich eine neue Gefahr. Da schleichen im Dämmern andere Männer heran, sie wollen die lagernden sicherlich überfallen. Ich sehe die Gefahr und möchte warnen: aber es ist wie im Traum, wenn man schreien möchte und nicht kann. Und plötzlich haben einige ihre Gewehre gehoben, mit einem Blitz zerreißt der Schlag der Schüsse die atemlose Stille. Das ist nicht das fröhliche Knallen der Büchsen im Wald. Das ist ein tödliches Krachen, in dem Gewalt, Mord und Entsetzen sich verkünden. Dann haben sie sich auf die Pferde geschwungen, etwas Furchtbares ist geschehen, aber was das ist, weiß ich nicht mehr ganz. Nur der Pulvergeruch hängt noch im Raum.

Was dann in der Vorstellung noch folgt, daran kann ich mich nicht mehr erinnern. Wir sind wieder in der Nachtluft, die jetzt beruhigend nach Akazien riecht, im Wagen fallen mir die Augen zu, aber im Bett zu Hause liege ich noch lange mit offenen Augen und kann furchterweckende Bilder nicht los werden. Vergeblich bemühe ich mich an die freundlichen Ponys mit ihren dicken Bäuchen und zottigen Mähnen zu denken — immer wieder kommt aus den dämmrigen Ecken des grauen Zeltes das Wesen, das keinen Namen hat.

Noch lange beschäftigt mich der Circus. Ich ahne in ihm etwas mir noch Verschlossenes; etwas halb Anziehendes, halb Bannendes, etwas Unbekanntes will in mir aufwachen und die Bruchstücke, die auftauchen, tragen mich weit fort in eine künstliche und gefährliche Welt. Später, schon wenige Jahre später, werde ich den Circus ganz anders sehen: dann wird die Freude an den Leibern, den Bewegungen und am Wagnis überwiegen. Und wenn man den Circus ganz versteht, ist man erwachsen.

Feuerwerk

Mit dem wilden Feuer, das als roter Blitz vom Himmel fällt und sogar den großen Baum in der Au gezündet hat oder das böse Bettler, abgewiesene Zigeuner, dem Nachbarn als »roten Hahn« aufs Dach setzten, das blutrot und ungebändigt ausbricht und vor dem wir uns alle so sehr fürchten – mit diesem bösen Feuer hat das Freuden-Feuer des Feuerwerks nichts gemein. Zwar ist auch im Feuerwerk Gefahr: die großen Papphülsen, aus denen es kommt, sind wie Patronen mit dem Pulver gefüllt, das den Schuß aus dem Gewehr treibt, und ihr Knallen und Knattern macht zuerst ein wenig Angst. Aber das Feuerwerk selbst, mit dem Glanz seiner Figuren, gleicht viel eher den Springbrunnen mit ihrem hohen Strahl, dem luftigen Sprühen und Herabsinken des glänzenden Wasserstaubs, und wenn man die vielen Arten, in denen im großen Park das Wasser springt, »Wasserkünste« nennt, so ist das Feuerwerk eigentlich eine »Feuerkunst«.

Für uns gehört es in die Familie der guten Überraschungen, jener unverhofften Freuden, die wie ein kleines Wunder sind – plötzlich geschieht das, was niemand erwartet hat. In den gleichmäßigen Alltag festloser Zeiten fallen sie plötzlich »vom Himmel«, wie aus einem Füllhorn, verbreiten großes jähes Glück, wenn sie auch flüchtig sind und nur kurz bleiben, so flüchtig und schillernd und so leicht wie der farbige Hauch der Seifenblasen, deren schönste Papa mit blauem Rauch aus seiner Zigarette füllt, oder der Regenbogen am

Ende eines grauen Regens, den zu sehen man geschwind hinauslaufen muß, damit er nicht zu rasch vergeht. Das alles sind Angehörige der Familie von Ereignissen, die man mit einem großen »Aaaaah!« begrüßt. Es gibt Gäste, auf die wir uns besonders freuen, weil sie immer unangesagt und doch immer zur rechten Zeit kommen, und die deshalb selbst schon so willkommen sind wie die kleine Überraschung, die sie vielleicht mitbringen. Auch der Postbote kann so eine Überraschung bringen, als ein Paket, das mit fremden Marken prangend vielleicht gar – o Wonne! – an mich selbst adressiert ist, vielleicht von Großpapa aus Karlsbad, und das aus vielen feinen Verpackungen von Papier, Karton, Seidenpapier und duftender Holzwolle ein Geschenk entwickelt, das mir mehr als andere gilt, weil es so unerwartet gekommen ist. Mama kann sie uns bereiten, wenn sie uns an einem Werktag geheimnisvoll in die Veranda zu einem Vanille-Eis oder einer Schaumrolle ruft. Papa, der uns einen Strauß von roten und blauen Luftballons hergezaubert hat – wir ahnen nicht woher. Und Papa ist auch der Freudenspender der besonderen Freude des Feuerwerks, die das Jahr wohl nur einmal bringt. Wann das sein wird, weiß niemand: nur Sommer muß es sein, warm und trocken, damit die Zündschnüre gut abbrennen, die Nacht sehr still, daß ihr leichter Atem nicht einmal eine Kerze bewegt und am besten eine sehr dunkle Nacht, bei Neumond oder Wolken, damit das Feuerwerk allein in ihr glänzt. Das sind die Nächte, in denen man bei klarem Himmel oft Scharen von Sternschnuppen fallen sieht, wie Vorboten unserer Feuersterne. Wenn dann Papa ankündigt: »Heute abend machen wir ein Feuerwerk«, wenn aus Stangen, Latten und Drähten am Rande des vorderen Gartens, dort, wo sich das Feuer-Schauspiel am besten vom Blauen der Nacht abhebt, sonderbare Gerüste entstehen, deren Sinn man noch nicht errät, geheimnisvoll wie chinesische Schriftzeichen, die auf manchen der Patronen mit Tusche aufgemalt sind – wenn davor viele Sessel für die Zuschauer in Reih und Glied gestellt werden wie vor einer Bühne, die noch leer auf die kommende Erfüllung wartet, dazu der kleine Tisch wie der eines Zauberers, an dem Papa von Janosch assistiert hantieren wird –, dann verbreitet sich in uns eine Unruhe, die so voll Wonne und Spannung ist, wie später die Erwartung des Theaters.

Nicht nur das Feuerwerk selbst ist eine Überraschung, sondern es besteht auch aus fast lauter Überraschungen. Papa weiß es, wie alles, was er anordnet – sei es ein Geburtstagstisch oder ein Ausflug in den Wald – kunstvoll aufzubauen mit wirkungsvollen Pausen und Steigerungen. Zwar beginnen *muß* das Feuerwerk immer mit dem »bengalischen« Licht. Wenn – begrüßt von einem staunend gedämpften »Aaaaah« – die kleinen unscheinbaren Kegel, die selbst aussehen wie winzige feuerspeiende Berge, aufleuchten, zuerst der eine rot – und alles in magischem Feuerglanz badet –, wenn dann das geheimnisvolle grüne Licht des zweiten aufflammt, gleich dem zauberhaften »grünen Strahl« bei Jules Verne, und uns alle in bleiche Geister verwandelt, dann ist das Tor zu einer Zauberwelt geöffnet, deren Faszination wir uns ganz überlassen. Und was dann geschieht, läßt sich mit Worten nicht mehr beschreiben, und auch die Augen sind nicht hurtig genug, um alles zu erfassen. Höchstens noch das Spiel der ersten Raketen, die aus ihrer schnell und sicher wie mit einem feurigen Stift gezogenen Bahn leuchtende Kugeln springen lassen – blaue, grüne, rote –, die wie mit Feuer gefüllt zuerst langsam sinken und dann plötzlich zerstäuben. Aber dann steigt aus dem fast ununterbrochenen Knattern, Knallen, Prasseln und Zischen eine nicht mehr abreißende Kette von feurigen, goldenen und silbernen Wundern hinauf in die Nacht und läßt die Sterne verblassen, die aus Wolkenrissen dem Theater des Feuers zusehen. Garben, Ähren und Rispen aus Feuer steigen auf, zerfallen wie Bouquets, die eine unsichtbare Hand auflöst, aus einem großen Glanz springen Hunderte kleiner Feuersterne, Feuerräder drehen sich und die Nacht füllt sich mit Lichtzauber, Verzückung, Verklärung und großem Ruhm. Es ist wie eine feurige Musik aus sprühenden Lichtfiguren, kunstvoll geordnet auch in der Bewegung, die rascher ist als alles außer dem Blitz. Eine große Vermählung der Luft- und Feuergeister vollzieht sich und wirft den Schein ihrer Beglükkung auf die staunenden Gesichter unserer Leute. Der Schauplatz verzaubert sich: die Menschen sehen aus, als ob sie Kostüme anhätten, die Bäume wie aus fremden Ländern, unsere Veranda wie eine Pagode oder ein Pavillon.

Lange war das Warten und kurz, sehr kurz ist das Schauspiel, vielleicht nur wenige Minuten. In sie ist aber der Besuch in einem Reich eingeschlossen, dessen Zeit niemand messen kann.

Zurück bleibt ein Urdunkel, in dem man zuerst nur das Undurchdringliche völliger Blindheit fühlt, und der scharfe pfefferartige Geruch von Pulver, Schwefel und verbrannten Patronenhülsen, der sich erregend mit dem schweren Nachtduft des sommerlichen Gartens verbindet. Aufgescheuchte Fledermäuse und Nachtvögel sausen unsichtbar durch die Finsternis.

Diese wenigen Minuten haben für mich alles verwandelt. Himmel, Wolken, Luft und Erde haben für mich andere Maße. Noch lange wird man bei uns von dem großen Feuerwerk sprechen.

Das Feuerwerk bringt »Be-geisterung« – ein Wort, dessen eigentlichen Sinn ich erst später erlernen werde –

wie der Champagner, der auch nur selten als unerwartete Krönung großer Familienfeste erscheint (auch einer aus dem Geschlecht der unangekündigten Freuden), der seinen Pfropfen wie eine Rakete herausschleudern darf, dessen Schaum, nicht zu fassen, aus Gläsern und Kelchen überfließen und alles erfüllen will, wie die Geister im »Zauberlehrling«, und den man ganz rasch trinken muß, damit er nicht vorher versprüht. Der »Feuerzauber« öffnet das Tor zu einem wahren Geisterreich. Seine Welt gemahnt an die der Eisblumen – neben Regenbogen, Sternschnuppen, Meteoren und Nordlicht eine der Überraschungen, die das Jahr uns bringt. Glitzernd, unerschöpflich, immer Neues entfaltend wie diese starren Figuren des zeichnenden Frosts sind die geisterschnell beweglichen des Feuerwerks alles und jedes. Wenn aus den Eisblumen ein märchenhafter Wald sich zaubert, eine Tiefseelandschaft, an die uns die Erinnerung noch bleibt, wenn sie längst zerschmolzen sind, so tragen uns die Luft- und Feuergeister des Feuerwerks in ferne südliche Nächte und Landschaften, zu leuchtenden Städten, zierlichen Palästen, Bäumen mit riesigen Blüten, Gewändern, die von Juwelen glitzern – nach »Bengalen«, wie es mir im Halbtraum erscheint. In dieser *einen* Nacht, in der sich das Zaubertor der Phantasie in uns öffnet, sind tausend andere eingeschlossen, wie die tausend juwelengleich funkelnden Sterne, deren Strauß aus der großen »Bombe« fällt, mit der Papa das Feuerwerk endet und krönt.

Weihnachten

Wenn sich die Weihnachtszeit nähert, verwandelt sich das Haus auf eine geheimnisvolle Weise. Manche Laden und Schränke verschließen sich und der Schlüssel ist nicht mehr zu finden; eines Morgens findet man die zwei Festzimmer verschlossen. Möbel aus ihnen erscheinen an ungewohnten Plätzen und verändern auch die übrigen Zimmer in reizvoller Neuheit. Über gefrorene Wege und bereifte Wiesen werden wir auf lange Spaziergänge geschickt, die von erwartungsvoller Leere sind. Kisten und Pakete treffen ein, der Postbote wird in die Küche beiseitegenommen, wir werden in ein entlegenes Fremdenzimmer verbannt. Unseren Fragen antwortet nur der an den Mund gelegte Finger von Mama und ein lustiges Augenblinzeln. Und immer lustiger wird Mama, sie kann es sichtlich gar nicht aushalten vor lauter guten Neuigkeiten, die sie uns nicht mitteilen darf. Immer dichter wird die weihnachtliche Stimmung. Wenn wir in der Früh auf das Thermometer schauen, das in seiner runden Glashülse zwischen zwei blanken Messingkappen draußen am Fenster des Frühstückszimmers angebracht ist, um zu sehen, ob es bald Schnee geben wird, dann durchzuckt ein süßer Schreck das Herz: da hängt ein winziger Tannenzweig mit feinem silbernen Engelshaar: das Christkind ist an unserem Fenster vorbeigeflogen, wahrscheinlich über den Park, die großen Mistelbäume und die leeren Storchennester. Jetzt kann es nicht mehr lange dauern. Die Küche durchzieht der weihnachtliche Duft von Bäckereien, die nur zu diesem Fest angefertigt werden. Alle die rotgefrorenen Gesichter unter Kopftüchern und Pelzmützen, die man am Hof begegnet, lachen vor weihnachtlichem Wohlwollen. Und endlich weckt uns Mama eines Morgens mit dem Lied »Morgen, Kinder, wirds was geben, morgen werden wir uns freuen, welch ein Jubel, welch ein Leben wird in unserm Hause sein. Einmal werden wir noch wach, heissa dann ist Weihnachtstag!«

Der Vormittag des Weihnachtsabends will kaum vergehen, eine süße Erregung hat sich uns in die Magengrube gesetzt. Irgendwohin in ein Fremdenzimmer verbannt, spielen wir mit dem alten Spielzeug, das jetzt für lange Zeit abdanken muß. Immer wieder schauen wir hinaus auf den Hof, ob nicht ein Zipfel von dem bevorstehenden Wunder zu sehen ist. Im übrigen uns unzugänglichen Haus herrscht eine geheimnisvolle Geschäftigkeit. Nach dem Mittagessen, Milchreis mit Zimt, legen wir uns ein wenig für den langen Abend schlafen, denn wir sollen bis zehn Uhr aufbleiben. Es ist ein stillschweigendes Übereinkommen mit Mama, an das beide Teile nicht glauben – denn wer könnte jetzt schlafen –, aber die Spielregel wird eingehalten und wir erwerben damit das Recht, aufzubleiben. Und dann kommt vor dem Dunkelwerden noch einmal der Spaziergang durch wohlbekannte Gegenden, in die Au oder durch den Park. Am schönsten ist es, wenn an dem bleichen Winternachmittag mit einer roten Nebelsonne einzelne Schneeflocken leise fallen und einen großen Weihnachtsschnee versprechen, aber das ist bei uns sehr selten. Die ganze Gegend ist schon leer und wie verblaßt, denn jetzt zieht sich aller Glanz und alles Leben zurück und wendet sich nach *innen*, in *ein* Zimmer: das Weihnachtszimmer. Dort bereitet sich das Wunder vor, und wenn Papa und Mama durch seine Türen gehen, darf niemand in der Nähe sein.

Wenn es langsam dunkel und still zu werden beginnt, waschen wir uns und ziehen unsere schönsten Kleider an. Die Weihnachtsjause erscheint: Nuß- und Mohnstriezeln, so dick gefüllt, daß man fast keinen Teig mehr sieht, nur die glatte braune Schale, und ein großer kunstvoll bezuckerter Guglhupf. Wir sind zu erregt, um ihn ganz zu genießen. Mama strahlt uns an, befühlt unsere Wangen und ist so lustig, daß sie es gar nicht mehr aushalten kann und uns am liebsten schon jetzt alle wunderbaren Geheimnisse verraten möchte. Sie hat mit dem Christkind gesprochen – in dem versperrten Zimmer, wo Papa jetzt Geheimnisvolles zu tun hat – und man sieht es ihr an.

Im Hause ist alles sauber gemacht, alles weggeräumt, die Küche blitzt vor Reinlichkeit, auch unser Gesinde ist schon im Feststaat, niemand darf arbeiten an diesem heiligen Abend.

Dann werden die Rouleaus heruntergelassen und eine heilige Stille verbreitet sich im Hause wie im ganzen Land. Das Christkind kommt. In dem Zimmer, in dem wir uns versammelt haben, ist es halbdunkel, wir sprechen nur halblaut und gehen auf den Zehenspitzen. Mama steht hinter uns und hilft uns warten.

Und auf einmal beginnt in der Ritze zwischen dem blankgewachsten Fußboden und der Flügeltüre des Weihnachtszimmers ein wunderbar mildes Schimmern sich zu zeigen, es wird immer stärker, eine feine silberne Glocke läutet drinnen, wir erschauern vor Seligkeit bis ins Herz, die Türen gehen auf und aus dem unbeschreiblichen Strahlen des Weihnachtszimmers, das der Christbaum allein mit seinen vielen Kerzen erhellt, kommt uns Papa in ernster Freude entgegen und küßt uns und führt uns hinein. O Weihnachtszimmer, o Christbaum, wer könnte dich schildern. Hier ist das Christkind mit seinen Engeln gewesen, das fühlt jeder

Sinn. Das himmlisch weiche Licht der Kerzen vermengt sich mit dem süßen, starken Duft des Tannenbaums, der Lebkuchen, der Mandarinen und dem frischen Lack neuer Spielsachen und mit dem Licht und dem Duft durchdringt uns, von unserem geliebten Werkel gespielt, der himmlische Gesang, das Lied aller Lieder:

Stille Nacht, heilige Nacht,
Alles schläft, einsam wacht
Nur das traute hochheilige Paar
Holder Knabe im lockigen Haar
Schlaf in himmlischer Ruh
Schlafe in himmlischer Ruh.

Der Himmel ist auf Erden gekommen.

Oh, wir freuen uns auch auf die Geschenke, die überall im Kerzenschein zauberhaft aufblitzen und die wir noch gar nicht erfassen können. Aber sie wären nichts ohne den Christbaum, von ihm bekommen sie ihren weihnachtlichen Zauber. Im Christbaum ist Weihnachten ganz. Und mit Recht will Papa haben, daß wir uns erst ganz dem Anschauen des Christbaumes überlassen.

An dieser Stelle bricht das Manuskript ab. Es fanden sich noch folgende Notizen, die sich auf den geplanten Fortgang des Textes beziehen:

Ganz ausführliche Schilderung unseres Weihnachtsbaumes.

Schilderung der Geschenke und wie sie aufgebaut sind. Ihre »Ordnung«. Bleisoldaten, Eisenbahn, Buch, Gewehr.

Wenn man jetzt einen Augenblick hinausgeht in das übrige Haus, erscheint es leer, dunkel und fremd: Alle Kraft und Heimlichkeit, alles Licht und alle Wärme haben sich hier zusammengezogen: in dem Weihnachtszimmer und draußen irgendwo in einem Stall, wo das Christkind geboren ist, inmitten der Felder, von denen die Hirten zu seiner Anbetung kommen. Und zwischen diesen beiden Stellen besteht eine geheimnisvolle Verbindung.

Das weihnachtliche Abendessen.

Das Weihnachtsspiel der Dorfleute in der Küche: Adam und Eva. Der große Stern auf dem Hof.

Das Schlafengehen in der Weihnachtsnacht.

Das Erwachen in der Früh. Köstlicher Augenblick.

Epilog
Wende der Zeit
1. Verlorenes Paradies

... »wir können nicht bleiben.«

Aber auch dieses Glück vergeht. Einmal kommt die Zeit, wo man an das Christkind nicht mehr glauben kann. Ein großer geheimer Schmerz nagt in mir, weil ich begriffen habe, daß es das Christkind nicht gibt. Wie das gekommen ist, weiß ich nicht zu sagen – es ist nichts geschehen, was mir verraten hätte, daß alles anders ist, als ich fest geglaubt habe – und doch ist alles anders. Meine ungläubigen Kameraden aus dem Dorf, die ich wegen ihrer Kleingläubigkeit verachtet hatte, haben recht behalten. Mama und Papa dürfen nie erfahren, daß ich um die Enthüllung dieses Geheimnisses weiß. Ich schäme mich, ihnen in die Augen zu schauen, denn ich glaube, daß sie es mir ansehen, daß sie es erraten müssen. Ich schäme mich, ihnen etwas vorzumachen und doch würde ich es ihnen nicht sagen, jetzt noch nicht, daß ich von einem Baum der Erkenntnis gegessen habe, daß ich verbannt bin und nicht wieder zurück kann.

Ihr, die ihr euch nicht mehr erinnern könnt, wie es damals war, als es das Christkind für uns noch gab, nehmt meine Klage nicht zu leicht. Denn einen größeren Schmerz gibt es nicht. Das Christkind ist für viele, sehr viele Menschen meiner Zeit das einzige göttliche Wesen gewesen, an das sie wirklich geglaubt haben, nämlich an seine *Gegenwart*. Und sie haben diesen Glauben verloren als sie noch Kinder waren. Heute sehe ich klar: Weihnachten war der einzige lebendige Kult des bürgerlichen Zeitalters und Papa sein Priester. Hinter den Türen des Weihnachtszimmers war uns ganz nahe – groß, freudig, strahlend alles erhellend – das Mysterium. Jetzt waltet dort nur die Liebe eines Papas für uns – aber das Göttliche ist gewichen. Und mit dem Christkind sind auch die Geister des Hauses ausgezogen.

Das Weihnachtsfest wird auch jetzt noch bleiben, und vielleicht liebe ich Papa und Mama noch mehr, liebe sie schmerzlich, weil sie das alles für mich gemacht haben. Es wird immer schön und stimmungsvoll sein – und voll von wunderbaren, wehmütigen Erinnerungen – aber eben nur »feierlich«, nicht mehr wirklich überirdisch und heilig. Aber wenigstens mein »kleiner« Bruder – er ist vier Jahre jünger als ich – weiß um das Geheimnis noch nicht. Er glaubt noch an das Christkind, er *sieht* es noch, ich sehe es an seinem Blick und ich schwöre mir, ihn mit allem, was ich dazu tun kann, darin zu bestärken. Ich erfinde Geschichten von dem Engel, den ich über unser Dach habe fliegen sehen und von den guten kleinen Zwergen, die mir im Garten begegnet sind – und es ist wie eine Linderung meines Schmerzes, wenn ich sehe, daß er mir die Geschichten glaubt, weil er an diese Wesen glaubt.

Obwohl ich jetzt innerlich zu den Erwachsenen gehöre, deren mit so viel Liebe und Sorgfalt gehütetes Geheimnis ich kenne und denen ich heimlich dabei helfe, es vor meinem Bruder zu bewahren, bin ich, der ich nun ihnen etwas zu verheimlichen habe – ihnen zuliebe und aus Scham –, schmerzlich einsam, weder Erwachsener, noch Kind. Eine Zeit großer innerer Leiden beginnt. Und damals bin ich, der ich bis dahin nie krank war – außer mit harmlosen Kinderkrankheiten – auch schwer und lange krank geworden. Daß es eine Wiedergeburt des Weihnachtlichen geben könnte, davon ahne ich damals noch nichts. Aber ich ahne in der großen Verwirrung, die in mir entstanden ist, daß eine neue Zeit kommt und daß wir nicht mehr lange in Miholjac sein werden.

2.

Die laue gewittrige Sommerluft streicht durch den Salon, sie bewegt sanft die weißen Spitzenvorhänge und die Kerzen, die neben dem Klavier angezündet sind; die Musik verbindet sich mit der kommenden Nacht und dem Geruch der im Halbdunkel duftenden Bäume, sie weht weit hinaus über den Hof und den Garten: Mama spielt Klavier. Niemand spielt so wie Mama, niemand wird wieder so spielen, so süß und stark, daß es zugleich klingt wie eine Orgel und wie eine menschliche Stimme. Da fühlt das Herz etwas Neues und doch Vertrautes erwachen, furchtsam und doch voll Freude beginnt es etwas Geheimnisvolles zu erraten, leicht bebend vor Erwartung. Etwas in der Brust weitet sich und schmerzt und zieht einen übermächtig irgendwohin, hinaus, wie wenn jemand Lieber, den man wiedersehen möchte, einen von weither ruft und erwartet.

»Mit diesem Augenblick endete meine Kindheit.«

Großer Abschied

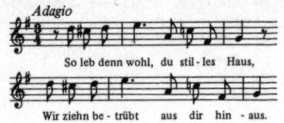

So leb denn wohl, du stil‑les Haus,

Wir ziehn be‑trübt aus dir hin‑aus.

Die großen Koffer sind gepackt, die Wagen stehen
bereit, uns zur Bahn zu fahren, Papa und Mama geben
ihre letzten Anordnungen und bemühen sich, es uns
nicht merken zu lassen, wie schwer ihnen der Abschied
wird. Ich gehe am Morgen noch einmal durch unseren
Hof und Garten und nehme Abschied von allem. Eine
große herzzerbrechende Traurigkeit ist in mir, ich ver‑
stehe sehr gut, viel besser als die Erwachsenen ahnen,
daß es ein Abschied für *immer* ist. Noch einmal umfasse
ich alles. Ich greife die seidige graue Rinde meines
spanischen Kirschbaumes an mit ihren rauhen Rissen –
nie wieder werde ich sie berühren. Ich schaue in den
Stall: bald werden da nicht mehr unsere Pferde stehen.
Flocki und Janosch müssen wir zurücklassen, und wenn
er zum letztenmal unserem Wagen ein Stück nachge‑
laufen ist und Janosch mit den anderen Leuten uns am
Bahnhof nachgewinkt hat, habe ich sie für immer verlo‑
ren. »Nicht mehr«, »nie mehr« – kann es denn einen
größeren Schmerz geben? Aber in der wahren Trauer,
die alle kommende einschließt und vorwegnimmt, ist
doch auch eine große Freude auf das Neue, das Unbe‑
kannte, das jetzt kommen wird, und gibt jedem
Schmerz, ohne ihn zu mindern, eine eigentümliche
Helle und Leichtigkeit.

Vierzehn Jahre später sitze ich im Theater, in der
letzten Vorstellung des Moskauer Künstlertheaters in
Wien, das Haus ist weiß von Taschentüchern. Der letzte
Akt von Tschechows »Kirschgarten« wird gespielt und

es gibt nur wenige, die ihre Tränen zurückhalten können. Der »Kirschgarten«, Dolnji Miholjac, ist verkauft, das Zimmer auf der Bühne ist schon ausgeräumt, helle Flecken an den Wänden zeigen, wo die Bilder gehangen sind, die Koffer sind gepackt und die Alten, die Vierzigjährigen, gehen noch einmal durch das leere Haus und können sich nicht trennen von ihrem Leben. Es sind keine Schauspieler – das sind wir. Aber da gibt es – o Glück – auch noch die Jungen: Das junge Mädchen, die vierunddreißigjährige Tarassowa spielt sie, viermal nur habe ich sie auf der Bühne gesehen, aber sie ist ein unvergeßliches Kapitel aus meinem eigenen Leben. Die Jungen freuen sich, daß der »Kirschgarten« verkauft ist: für sie eröffnet sich jetzt ein neues, abenteuerliches, herrliches Leben in der großen Stadt.

Ich bin nicht mehr zehn Jahre alt, sondern vierundzwanzig, aber in *mir* ist, wie damals am letzten Morgen in Dolnji Miholjac, beides: die furchtbare Trauer von Katschaloff, der – den eleganten Hut in die Stirne gezogen – noch einmal alles berühren muß und sich von seinem Leben nicht trennen kann und die Freude der Jungen, die es nicht erwarten können, daß der Zug geht, in das Neue Leben, an das sie glauben. Und während ich mit den Menschen vom »Kirschgarten« trauere und mich mit ihnen freue, erkenne ich mit einer unbeschreiblichen heißen Freude in mir ein Gefühl wieder, das vierzehn Jahre gewartet hat, um wieder aufzuleben, – ein Gefühl, in dem mein ganzes Ich zugleich zu der Vergangenheit *und* zu der Zukunft ja sagt. So, fühle ich, so sollte man von allem Abschied nehmen, mit solchem Dank für alles, was gut zu uns war, und mit solcher Freude auf das Neue Leben, das uns gewiß ist. Und mit einer Begeisterung, in der jede Sentimentalität des Theaterbesuchers aufgezehrt ist von einem heißen Glauben, sehe ich diesem Gefühl nicht nur an, daß ich mich nicht geändert habe, sondern ich weiß auch, frei von aller Angst, mit einer Gewißheit, die nicht aus mir stammt, daß ich mich nicht mehr ändern werde.

Nachbemerkungen

Man wird mir nicht verargen, wenn ich dieses Buch vor einigen Mißverständnissen schützen möchte, die ich voraussehe.

Ich erzähle nicht von meiner Kindheit mit ihren heiteren und ernsten, großen und kleinen Begebenheiten, sondern davon, wie mir in meiner Kindheit das *Bleibende* begegnet ist, das immer wiederkehren kann und nicht vergeht, und wie es mir die Welt erschlossen hat.

Ich beschreibe keine »Stimmungen«, ich bin kein Impressionist. Die Stimmungen sind nur die Farbe, die nicht abgelöst werden kann von den greifbaren Dingen der Welt, die sich in sie verhüllen. Sie gehören zu den Dingen, nicht zu mir.

Ich verherrliche im »Goldenen Zeitalter« nicht die bürgerliche Zeit. Wie hätte ich vermeiden können sie zu schildern, da ich in sie hineingeboren worden bin. Aber auch das Bürgerliche ist nur eine zeitgemäße Verhüllung des großen alten Besitzes der Menschen, dessen Erben – zu unserem Glück – auch wir gewesen sind.

Ich beschreibe nichts, das nicht *wirklich* gewesen ist und habe mir nicht erlaubt, auch nur einen Zug dazuzuerfinden.

Ich gebrauche die Namen, die damals die Dinge bei uns hatten und habe mir streng untersagt, meiner Zeit Farbe anzuschminken.

Vielleicht werden manche fühlen, daß »wir« damals einsam gewesen sind. Der es empfindet, möge nicht vergessen, daß wir – meine Eltern, mein Bruder und

175

ich – unter Fremden gelebt haben. Dieses »wir und sie« habe ich wohl auch damals schon empfunden. Schildern werde ich es in einem anderen Teil des Buches. Denn diese Empfindung stellt, wenn sie zur Frage wurde, vor Entscheidungen und wo es Entscheidungen gibt, da beginnt die »eherne Zeit«.

Nachwort

Susanna Guéritaud-Sedlmayr

Diese Erinnerungen schickte mein Vater an meine
Mutter 1942 aus dem Feld. Er war damals als Offizier in
Rußland, in Kursk und Gorlovka. In der Einsamkeit der
russischen Landschaft tauchte die Kindheit vor ihm auf
wie eine Fata Morgana. Und mit dem gleichen phäno-
menalen visuellen Gedächtnis und seinem Gedächtnis
für Eindrücke, mit dem er auch in Vorlesungen und
Vorträgen (z. B. bei zufälligem Ausfall des Bildappara-
tes) ohne Zögern über die subtilsten Kunstwerke so
sprechen konnte, daß man sie tatsächlich *gesehen* hat, so
beschrieb er hier seine wieder-erlebte Kindheit.

Er hat diese Aufzeichnungen bewußt nicht wie
Memoiren behandelt (d. h. aus der Sicht des Erwachsenen rückblickend erzählte Eindrücke), sondern als wie-
dererlebte Kinderwelt, frei von Sentimentalität, mit dem
klaren einfachen Vokabular des Kindes, in episch ruhi-
gem, gelassenen Tonfall. Es kommen nicht nur sämtliche Wörter, sondern auch sämtliche Dinge vor, die
überhaupt zur Welt eines Kindes gehören, jener Welt,
die von Licht, Geräuschen und Gerüchen beherrscht ist.

Es konnte ihm als Wissenschaftler nicht genügen,
kleine belanglose Begebenheiten seiner eigenen spezifi-
schen Kindheit zu erzählen, er wollte nur das am Kind-
Erleben schildern, was daran wahr und bleibend ist und
was für jede Kindheit allgemeingültig ist.

»Die großen Ur-Erlebnisse der Kindheit durchleuch-
ten das ganze spätere Leben, formen es vor und geben
ihm Halt. Von jedem solchen Erlebnis strahlt etwas für

die ganze spätere Zeit aus.« – So lautet eine der Notizen, die wir im ersten handgeschriebenen Exemplar dieser Erinnerungen nach seinem Tode fanden.

»In der Darstellung will ich keine zeitliche Reihenfolge einhalten, Früheres und Späteres sollen durcheinander so erzählt werden, als ob es gleichzeitig wäre. Das Bleibende kennt keine Zeitenfolge, es *ist* eben, ob früher oder später, es *ist*. Daher die Zeitform fast durchwegs die Gegenwart. Denn die Zeitform der Kindheit ist die Wiederkehr, ein Jahr wie das andere, Wiederkehr der Feste, die Zeit vergeht nicht, sie läuft im Kreis – das ist das Paradiesische an ihr.«

»Gewiß soll das Ganze heiter sein, aber die sichere, sachliche Heiterkeit, wie sie der wirklichen Kindheit eigen ist, nicht der falsch romantisierten. Keine Koketterie der Heiterkeit.«

Der Titel »Das Goldene Zeitalter« muß tiefer verstanden werden, es ist nicht nur eine Suche nach der verlorenen Zeit. Denn diese Kindheitserinnerungen sollten der erste von *vier* geplanten Bänden sein. Und wenn ihm seine Aufgabe (überall dort, wo er »Unklarheit« fand – im Gebiet der Kunstgeschichte, der Religion, des Denkmal- und Umweltschutzes – den Dingen ihren rechten Platz anzuweisen) mehr Zeit gelassen hätte, so hätte er sicher diese Tetralogie beendet. Vorarbeiten dafür, die bis ins Detail gehen, sind erhalten.

Das goldene wäre vom silbernen Zeitalter gefolgt gewesen, den Erinnerungen des jungen Mannes, mit dem Motto: »J'aime le jeu, l'amour, les livres, la musique, la ville et la campagne, enfin tout« (La Fontaine). Die neue, die *geistige* Heimat, das Reich der Kunst gleichsam als Ersatz für den Zauber der Kindheit. Dieses Buch sollte im Tonfall lyrischer sein, in einer reicheren, geschliffeneren Sprache. »Das Phantasiemoment überwiegt das Realistische.«

Im Sinne Hesiods folgt nun das Zeitalter der Helden, hier aber verschmolzen mit dem ehernen Zeitalter, unter dem Titel »Das Eherne Zeitalter«. Auch dieser Plan war fertig, und wir finden folgende Stichworte als künftige Schreibhilfe: Das Reich des Ethischen, des Wahren und Guten, des Einfachen und Echten. Das Erscheinen des Ewigen in den Menschen und ihren Entscheidungen. Dieser Teil sollte mit dem Bild seines Vaters beginnen und mit dem Vergils enden (leibliche und geistige Vaterschaft). Dazwischen Schilderungen des einfachen Menschen, des schlichten Herzens, des Mutes und der Güte, aber auch des Verhängnisvollen, Ausgesetzten, des Ernstes des Fatums, der Schuld und des Todes. Eine Reihe von Porträts: Beethoven, Solowjew, Fenelon, Rembrandt, Newton. Die große verborgene Dramatik des menschlichen Lebens.

Der vierte Teil wäre die »Rückkehr des Goldenen Zeitalters« geworden, mit dem Untertitel »Fülle der Zeit« oder »Neuer Himmel und neue Erde«.

Er war zu positiv, um an einen Verfall mit fortschreitendem Alter zu glauben. Das goldene Zeitalter kehrt als das zweite, wiedergefundene Paradies nach dem Durchgang und der Bewährung wieder, als das Göttliche unmittelbar, als die zweite Einfachheit. In dieser neuen Verklärung ist aber alles aus den drei ersten Teilen »aufgehoben« und kehrt motivisch gesteigert wieder. Der Ton sollte in eine frei rhythmische Prosa umschlagen, die langsam ins Hymnische übergeht. Dem Anfang des ersten Teils entspräche das Ende des vierten: ein Sonnengesang.

Salzburg, im April 1985

Inhalt

Anne Morrow Lindbergh

Blume und Nessel

Jahre in Europa. Aus dem Amerikanischen von
Elisabeth Piper. 1984. 371 Seiten.
14 Abbildungen auf Tafeln. Geb.

Welt ohne Frieden

Tagebücher und Briefe 1939–1944.
Aus dem Amerikanischen von Elisabeth Piper. 1986.
462 Seiten. 8 Seiten auf Kunstdruck. Geb.

Muscheln in meiner Hand

Illustrierte Geschenkausgabe mit 12 farbigen Fotos von
Winfried Moser. Aus dem Amerikanischen von Maria Wolff;
Gedichtübertragungen von Peter Stadelmayer.
37. Aufl., 491. Tsd. 1985. 128 Seiten. Geb.

Das Schönste von
Anne Morrow Lindbergh

Eine Auswahl aus ihrem Werk. Hrsg. von Elisabeth Piper.
Aus dem Amerikanischen von Maria Wolff,
Peter Stadelmayer, Karl Brunner, Annemarie von Puttkamer,
Doris Schmidt, Renate Schmidt, Anjuta Aigner-Dünnwald
und Elisabeth Piper.
2. Aufl., 41. Tsd. 1985. 564 Seiten. Geb.

Piper